München
1. Auflage 2008
ISBN 978-3-89883-223-6

Rezepte ZS-Team
Redaktion Martin Kintrup
Grafische Gestaltung Barbara Markwitz
Umschlaggestaltung Georg Feigl
Herstellung Karin Mayer, Peter Karg-Cordes
Lithografie Christine Rühmer
Druck & Bindung Mohn media Mohndruck GmbH, Gütersloh

Beim Druck dieses Buchs wurde durch den innovativen Einsatz der Kraft-Wärme-Kopplung im Vergleich zum herkömmlichen Energieeinsatz bis zu 52 % weniger CO_2 emittiert. *Dr. Schorb, ifeu.Institut*

Besuchen Sie uns auch im Internet unter www.zsverlag.de

Fleisch
& Geflügel

ZABERT SANDMANN

Inhalt

Genuss
auf vielerlei Art

Die kreative Fleischküche ist für viele die Königsdisziplin des Kochens. Gilt es doch, ein Stück Fleisch zart und saftig auf den Teller zu bringen und den milden Eigengeschmack mit Kräutern und Gewürzen zu veredeln. Weil Fleisch so vielseitig ist, führt nicht nur ein Weg zu diesem Ziel. Und egal, ob mit krosser Kruste gebraten, in würziger Sauce geschmort oder im eigenen Saft gegart, meist ist die Zubereitung leichter, als man denkt! Vor der kreativen Arbeit in der Küche steht aber der bewusste Einkauf. Entscheidend für gutes Fleisch ist die Qualität der Tierhaltung. Hier gilt: Klasse statt Masse! In kontrollierter Zucht, beispielsweise in Biobetrieben, werden die Tiere artgerecht gehalten und haben viel Zeit zum Wachsen. So kann das Fleisch, im Gegensatz zur industriellen Massentierhaltung, in Ruhe zu einem hochwertigen Lebensmittel heranreifen. Als Eiweiß-, Eisen- und Vitaminlieferant leistet es dann einen wichtigen Beitrag zu einer gesunden, ausgewogenen Ernährung. Werden Sie zum »eingefleischten Fan«, und lassen Sie sich von saftigen Braten, knusprigen Schnitzeln und zarten Steaks in neue kulinarische Sphären entführen.

Carpaccio
mit Parmesan

➤ moderner Klassiker aus Norditalien

ZUTATEN FÜR 4 PERSONEN

400 g Rinderfilet (aus der Mitte)
Saft von 1 Zitrone
2 TL schwarze Pfefferkörner
1 TL grobes Meersalz
50 g Rucola
40 g Parmesan (am Stück)

ZUBEREITUNG

1 Das Filet waschen, trocken tupfen und in Frischhaltefolie gewickelt im Tiefkühlfach 30 Minuten anfrieren lassen. Das Fleisch herausnehmen und mit einem scharfen Messer in hauchdünne Scheiben schneiden.

2 Die Filetscheiben jeweils einzeln zwischen zwei Lagen Frischhaltefolie legen und mit dem Messer flach streichen. Die Scheiben mit der Folie auf Teller legen und die Folie abziehen. Den Zitronensaft darüberträufeln.

3 Die Pfefferkörner grob zerstoßen und das Carpaccio mit Meersalz und Pfeffer würzen.

4 Den Rucola verlesen, waschen und trocken schütteln. Grobe Stiele entfernen und die Blätter nach Belieben ganz lassen oder in Stücke zupfen. Den Rucola über dem Carpaccio verteilen. Den Parmesan mit dem Sparschäler in langen Streifen abziehen. Das Carpaccio mit den Parmesanstreifen garnieren und sofort servieren.

TIPP

Das Carpaccio schmeckt auch mit Steinpilzen. Dafür 160 g Steinpilze putzen und mit einem Küchentuch trocken abreiben. In hauchdünne Scheiben geschnitten auf dem Carpaccio anrichten.

Kalbsrücken
mit Granatapfel-Vinaigrette

➤ mit orientalischer Note

ZUTATEN FÜR 4 PERSONEN

3–4 EL Öl
600 g Kalbsrücken (küchenfertig)
Salz · Pfeffer aus der Mühle
1 EL süßsauer eingelegter Kürbis (aus dem Glas)
½ Knoblauchzehe
5 EL Hühnerbrühe
2 EL Balsamico bianco
1 EL Rosinen
1 EL Granatapfelkerne
1 EL eingelegte Kapern
Zucker
1 EL geröstete Pinienkerne

ZUBEREITUNG

1 Den Backofen auf 100 °C vorheizen. Auf die mittlere Schiene das Ofengitter und darunter ein Abtropfblech schieben. 1 bis 2 EL Öl in einer Pfanne erhitzen, den Kalbsrücken darin rundum anbraten. Das Fleisch auf das Ofengitter legen und im Ofen 1½ bis 2 Stunden rosa garen. Herausnehmen und mit Salz und Pfeffer würzen.

2 Für die Vinaigrette die Kürbisstücke abtropfen lassen und in kleine Würfel schneiden. Den Knoblauch schälen und in feine Würfel schneiden. Die Brühe mit dem Essig und dem restlichen Öl verrühren. Kürbiswürfel, Rosinen, Granatapfelkerne, Knoblauch und Kapern untermischen. Die Vinaigrette mit Salz, Pfeffer und 1 Prise Zucker würzen.

3 Den noch lauwarmen Kalbsrücken in dünne Scheiben schneiden. Die Scheiben auf vorgewärmten Tellern anrichten und die Vinaigrette darüber verteilen. Mit Pinienkernen bestreut servieren.

Vitello tonnato
mit Kapern und Sardellen

➤ Hausmannskost alla mamma

ZUTATEN FÜR 10–12 PERSONEN

1 Zwiebel
1 Möhre
2 Stangen Staudensellerie
½ l trockener Weißwein
Salz · 1 Zweig Rosmarin
1 kg Kalbsnuss
2 Lorbeerblätter
3 Eigelb · 1 TL Senf
200 ml Olivenöl
Saft von 1 Zitrone
Pfeffer aus der Mühle
4 Sardellenfilets (in Öl)
2 Dosen Thunfisch (in Öl; 300 g Abtropfgewicht)
3 EL eingelegte Kapern

ZUBEREITUNG

1 Die Zwiebel und die Möhre putzen bzw. schälen, den Sellerie putzen und waschen. Alles in Stücke schneiden und mit dem Wein, ½ l Wasser und etwas Salz zum Kochen bringen. Den Rosmarin waschen und trocken tupfen.

2 Die Kalbsnuss mit dem Rosmarin und den Lorbeerblättern in ein Küchentuch hüllen und mit Küchengarn verschnüren. Das Fleischpaket in den kochenden Sud geben, bei schwacher Hitze etwa 1½ Stunden garen und im Sud erkalten lassen.

3 Für die Thunfischsauce die Eigelbe mit dem Senf und etwas Salz mit den Quirlen des Handrührgeräts cremig rühren. Zunächst 100 ml Olivenöl tröpfchenweise unter ständigem Rühren dazugeben, dann weitere 50 ml Olivenöl in einem dünnen Strahl dazulaufen lassen. Die Mayonnaise mit Zitronensaft, Salz und Pfeffer abschmecken.

4 Die Sardellenfilets und den abgetropften Thunfisch mit 1 EL Kapern im Mixer pürieren und dabei das restliche Olivenöl hinzufügen.

5 Die Thunfisch-Öl-Mischung durch ein Sieb streichen und mit der Mayonnaise verrühren.

6 Das abgekühlte Fleisch aus dem Sud nehmen und das Tuch entfernen. Das Fleisch in möglichst dünne Scheiben schneiden und auf einer großen Platte oder auf Tellern anrichten. Die Thunfischsauce darübergießen. Das Vitello tonnato mit den restlichen Kapern bestreut servieren.

Schinken
mit Melone und Rucola

➤ schneller Vorspeisenfavorit

ZUTATEN FÜR 4 PERSONEN

150 g Rucola
2 EL Pinienkerne
1 Netz- oder Honigmelone
1 EL Olivenöl
150 g Parmaschinken (in hauchdünnen Scheiben)
Pfeffer aus der Mühle

ZUBEREITUNG

1 Den Rucola verlesen, waschen und trocken schütteln. Grobe Stiele entfernen und die Blätter nach Belieben ganz lassen oder in Stücke zupfen. Die Pinienkerne in einer beschichteten Pfanne ohne Fett unter Rühren goldbraun rösten.

2 Die Melone halbieren, die Kerne mit einem Esslöffel entfernen. Die Melonenhälften in Spalten schneiden. Das Fruchtfleisch mit einem scharfen Messer von der Schale schneiden, aber darauf liegen lassen. Das Fruchtfleisch quer in kleine Stücke schneiden, leicht versetzt auf der Schale anrichten.

3 Die Melonenspalten auf Teller verteilen und den Rucola dazugeben. Die Rucolablätter mit dem Olivenöl beträufeln und mit den Pinienkernen bestreuen. Den Parmaschinken daneben anrichten und mit grob gemahlenem Pfeffer bestreuen.

Serrano-Pflaumen

mit Tomaten-Paprika-Dip

➤ Snack zum Rotwein

ZUTATEN FÜR 6 PERSONEN

1 Zwiebel
2 Knoblauchzehen
2 rote Paprikaschoten
2 EL Olivenöl
200 g passierte Tomaten (aus dem Tetrapak)
Salz · Pfeffer aus der Mühle
1 TL Paprikapulver (edelsüß)
Cayennepfeffer
200 g Serranoschinken (in dünnen Scheiben)
ca. 400 g große Backpflaumen (entsteint)

ZUBEREITUNG

1 Für den Dip die Zwiebel und den Knoblauch schälen und in feine Würfel schneiden. Die Paprikaschoten längs halbieren, entkernen, waschen und in kleine Würfel schneiden.

2 Das Olivenöl in einem Topf erhitzen, Zwiebel und Knoblauch darin andünsten. Die Paprika dazugeben und kurz anbraten. Die passierten Tomaten untermischen und zugedeckt bei schwacher Hitze 10 Minuten köcheln lassen. Die Sauce fein pürieren und mit Salz, Pfeffer, Paprikapulver und Cayennepfeffer würzen. Den Dip abkühlen lassen.

3 Den Backofen auf 250 °C vorheizen. Den Schinken nach Bedarf halbieren, sodass die Pflaumen damit umwickelt werden können. Die Pflaumen mit den Schinkenscheiben umwickeln und den Schinken mit kleinen Holzspießen feststecken. In eine ofenfeste Form legen und im Ofen auf der mittleren Schiene etwa 10 Minuten knusprig braten.

4 Die Serrano-Pflaumen aus dem Ofen nehmen und etwas abkühlen lassen. Lauwarm oder kalt mit dem Tomatendip servieren.

Putenröllchen

im Lauchmantel

➤ raffiniert gefüllt

ZUTATEN FÜR 4 PERSONEN

1 dicke Stange Lauch · Salz
2 Schalotten · 100 g Shiitakepilze
50 g roher Schinken (am Stück)
2 EL Butter · Pfeffer aus der Mühle
1 EL gehackte Petersilie
1 EL geriebener Käse (z. B. Emmentaler)
4 kleine Putenschnitzel (à ca. 60 g)
Öl für die Folie · 1 TL Öl · 125 g Sahne
1 TL Zitronensaft
1 EL gehackte Frühlingskräuter (z. B. Petersilie, Kerbel, Estragon)

ZUBEREITUNG

1 Von der Lauchstange die Wurzeln und das hintere grüne Ende entfernen. Die Stange längs einschneiden, die Blätter einzeln ablösen und waschen. Es werden 8 Blätter benötigt.

2 Die Lauchblätter in reichlich kochendem Salzwasser 2 bis 3 Minuten blanchieren. In ein Sieb abgießen, kalt abschrecken und auf einem Küchentuch abtropfen lassen.

3 Die Schalotten schälen und in feine Würfel schneiden. Die Pilze putzen, die Stiele entfernen, die Hüte mit einem Küchentuch trocken abreiben. Pilze und Schinken in kleine Würfel schneiden.

4 Die Butter in einer Pfanne erhitzen und die Hälfte der Schalottenwürfel darin andünsten. Die Schinken- und Pilzwürfel dazugeben und unter gelegentlichem Rühren anbraten. Vom Herd nehmen, mit Salz und Pfeffer würzen. Die Petersilie und den Käse untermischen.

5 Die Schnitzel waschen und trocken tupfen. Zwischen zwei Lagen geölter Frischhaltefolie mit der glatten Seite eines Fleischklopfers oder einem Pfannenboden vorsichtig flach klopfen.

6 Jeweils 2 Lauchblätter längs leicht überlappend nebeneinanderlegen. Die Fleischscheiben darauflegen und mit der Schinken-Pilz-Füllung bestreichen. Die Längsseiten der Lauchblätter etwas einschlagen und die Blätter mit dem Fleisch von der schmalen Seite her aufrollen.

7 Die Putenröllchen in ein Bambuskörbchen oder einen Dämpfeinsatz legen und bei geschlossenem Deckel über kochendem Wasser 6 bis 8 Minuten dämpfen, bis das Fleisch gar ist.

8 Die restlichen Schalottenwürfel im Öl andünsten, die Sahne dazugießen und bei starker Hitze sämig einkochen. Mit Salz, Pfeffer und Zitronensaft würzen und die Kräuter untermischen. Die Putenröllchen mit der Sauce beträufelt servieren.

TIPP

Wenn Sie die Lauchröllchen auf asiatische Art servieren möchten, lassen Sie einfach die Sahnesauce weg. Stattdessen 1 Chilischote waschen, putzen und in feine Ringe schneiden. Mit Sojasauce und ein paar Tropfen Reiswein in kleinen Schälchen anrichten und dazu reichen.

Hähnchen- und Dattelspieße

mit Erdnusssauce

➤ **würzige Gaumenschmeichler**

ZUTATEN FÜR JEWEILS 20 STÜCK

Für die Hähnchenspieße:
400 g Hähnchenbrustfilet
2 Knoblauchzehen
1 Schalotte · 1 rote Chilischote
4 EL Kokosmilch
2 EL helle Sojasauce
je ½ TL gemahlener Kreuzkümmel und Koriander
Salz · Pfeffer aus der Mühle

Für die Erdnusssauce:
150 g ungesalzene Erdnusskerne
200 ml Kokosmilch
2 EL Erdnusscreme
Currypulver · 3 EL Limettensaft
Salz · Zucker

Für die Dattelspieße:
200 g fester Ziegenfrischkäse
3 grüne Kardamomkapseln
1 getrocknete rote Chilischote
1 EL gehackte Zitronenmelisse
10 frische vollreife Datteln
10 Scheiben Frühstücksspeck
2 EL Öl · Pfeffer aus der Mühle

ZUBEREITUNG

1 Für die Hähnchenspieße das Hähnchenbrustfilet waschen, trocken tupfen und in etwa 2 cm breite Streifen schneiden.

2 Für die Marinade den Knoblauch und die Schalotte schälen in feine Würfel schneiden. Die Chilischote längs halbieren, entkernen, waschen und ebenfalls in feine Würfel schneiden. Die Kokosmilch und die Sojasauce mit den Knoblauch-, Schalotten-

und Chiliwürfeln, Kreuzkümmel, Koriander, Salz und Pfeffer verrühren. Die Fleischstreifen darin 2 bis 3 Stunden marinieren.

3 Für die Erdnusssauce die Erdnüsse in einer beschichteten Pfanne ohne Fett goldbraun rösten, etwas abkühlen lassen und im Blitzhacker fein mahlen. Die Kokosmilch mit der Erdnusscreme in einem Topf aufkochen lassen. Die Erdnüsse unterrühren und die Sauce mit Curry, Limettensaft, Salz und Zucker würzen. Falls nötig, mit 1 bis 2 EL Wasser verdünnen. Die Sauce abkühlen lassen.

4 Für die Dattelspieße den Ziegenfrischkäse mit einer Gabel fein zerdrücken. Die Kardamomkapseln öffnen und die Kerne herauslösen. Mit der zerbröselten Chilischote im Mörser fein zerreiben. Den Käse mit den Gewürzen und der Zitronenmelisse verrühren. Aus der Käsemasse mit angefeuchteten Händen 20 kleine Bällchen formen.

5 Die Datteln halbieren, entkernen und die Hälften mit den Käsebällchen füllen. Die Speckscheiben quer halbieren, die gefüllten Datteln damit umwickeln, den Speck mit kleinen Holzspießen feststecken. Das Öl in einer Pfanne erhitzen, die Datteln darin rundum anbraten und mit Pfeffer würzen.

6 Den Backofengrill einschalten. Die Fleischstreifen aus der Marinade nehmen, trocken tupfen und wellenförmig auf gewässerte Holzspieße stecken. Die Spieße auf einem Backblech unter dem Grill auf der obersten Schiene 5 Minuten garen, dabei einmal wenden. Hähnchen- und Dattelspieße mit der abgekühlten Erdnusssauce servieren.

TIPP

Zu den Spießen passt auch ein marokkanischer Harissa-Dip. Dafür 200 g Joghurt mit etwas Harissapulver oder -paste verrühren (Vorsicht: sehr scharf!). 1 Knoblauchzehe schälen, dazupressen und mit Salz, Pfeffer und Zitronensaft würzen.

Rindfleischspieße

mit Mangosalat

➤ **asiatischer Snack vom Grill**

ZUTATEN FÜR 4 PERSONEN

4 Stängel Zitronengras
1 rote Chilischote · 1 Knoblauchzehe
2 unbehandelte Limetten
2 EL Reisessig · 2 EL Zucker
2 EL Fischsauce
2 grüne (harte) Mangos
1 Möhre · 1 rote Zwiebel
1 Handvoll Sojabohnensprossen
je 2 EL Minze- und Korianderblätter (in feine Streifen geschnitten)
1 EL gehacktes Thai-Basilikum
600 g Rinderfilet · Salz
Pfeffer aus der Mühle · 3 EL Erdnussöl

ZUBEREITUNG

1 Vom Zitronengras die äußeren Blätter und die obere, trockene Hälfte entfernen, das Helle in feine Ringe schneiden. Die Chilischote längs halbieren, entkernen, waschen und in feine Würfel schneiden. Den Knoblauch schälen, ebenfalls in feine Würfel schneiden. Die Limetten heiß waschen, trocken reiben, die Schale abreiben und den Saft auspressen.

2 Den Essig mit dem Zitronengras, dem Zucker und der Fischsauce in einem kleinen Topf aufkochen und auf die Hälfte einkochen lassen. In ein Sieb abgießen, die Sauce dabei auffangen und zurück in den Topf geben. Chili, Knoblauch, Limettenschale und -saft unterrühren. Die Vinaigrette zugedeckt etwa 30 Minuten kühl stellen.

3 Die Mangos schälen, das Fruchtfleisch zuerst vom Stein, dann in feine Stifte schneiden. Die Möhre putzen, schälen und in feine Stifte schneiden.

4 Die Zwiebel schälen und in feine Streifen schneiden. Die Sojabohnensprossen in einem Sieb überbrühen und abtropfen lassen. Mangos, Möhre, Zwiebel und Sprossen mit den Kräutern in einer Schüssel mischen und im Kühlschrank etwa 30 Minuten ziehen lassen. Den Grill anheizen.

5 Inzwischen einige Holzspieße in kaltem Wasser einweichen. Das Fleisch waschen, trocken tupfen, in Scheiben schneiden und mit Salz, Pfeffer und dem Öl in einer Schüssel mischen. Das Fleisch auf die Spieße stecken, auf dem Grill (oder unter dem Backofengrill) rundum goldbraun braten.

6 Den Mangosalat mit zwei Dritteln der Vinaigrette mischen, auf Teller verteilen und die Rindfleischspieße dazu anrichten. Die Spieße mit der restlichen Vinaigrette beträufeln und sofort servieren.

Lammspieße
mit Tomatensauce

➤ mediterranes Grillvergnügen

ZUTATEN FÜR 4 PERSONEN

Für die Lammspieße:

500 g Lammfleisch
(aus der Keule; ohne Knochen)
2 Knoblauchzehen · 10 g Ingwer
1 TL Honig · 1 EL Sesamöl
2 EL trockener Sherry
1 mittelgroßer Zucchino
½ gelbe Paprikaschote
Salz · Pfeffer aus der Mühle

Für die Tomatensauce:

500 g Tomaten
1 Zwiebel · 1 Knoblauchzehe
1 Zweig Thymian
1 EL Olivenöl · 2 TL Honig
100 ml trockener Weißwein
Salz · Pfeffer aus der Mühle

ZUBEREITUNG

1 Für die Spieße das Lammfleisch in mundgerechte Stücke schneiden. Den Knoblauch und den Ingwer schälen und in feine Würfel schneiden. Beides mit dem Honig, dem Sesamöl und dem Sherry verrühren. Über das Lammfleisch gießen und gut durchmischen.

2 Den Zucchino putzen, waschen und in dicke Scheiben schneiden. Die Paprikaschote halbieren, entkernen, waschen und in mundgerechte Stücke schneiden. Beides zum Fleisch geben und alles etwa 1 Stunde marinieren lassen. Die Holzspieße währenddessen in kaltem Wasser einweichen.

3 Für die Tomatensauce die Tomaten überbrühen, häuten, vierteln, entkernen und in Würfel schneiden. Die Zwiebel und den Knoblauch schälen und in feine Würfel schneiden. Den Thymian waschen, trocken tupfen und die Blätter abzupfen.

4 Das Olivenöl in einem Topf erhitzen. Die Zwiebel darin andünsten, den Knoblauch hinzufügen und kurz mitdünsten. Den Honig dazugeben und die Zwiebel leicht karamellisieren. Tomaten und Wein dazugeben. Die Tomaten mit einem Kartoffelstampfer etwas zerdrücken. Den Thymian unterrühren und die Sauce offen etwa 20 Minuten köcheln lassen. Mit Salz und Pfeffer abschmecken.

5 Den Grill anheizen. Abwechselnd Fleisch und Zucchini bzw. Paprika auf die Spieße stecken. Auf dem Grill unter gelegentlichem Wenden etwa 10 Minuten garen oder in der Pfanne in etwas Öl rundum goldbraun braten. Mit Salz und Pfeffer würzen und mit der Tomatenauce servieren.

TIPP

Mit Reis oder Fladenbrot wird aus den kleinen Häppchen ein Hauptgericht für 3 bis 4 Personen. Für echtes Griechenland-Feeling sorgen dann noch Kalamata-Oliven und Zaziki als Beilage.

Geflügelbällchen
mit Limettensauce

➤ klein, aber fein

ZUTATEN FÜR CA. 40 STÜCK

Für die Geflügelbällchen:
15 g Ingwer
3 Frühlingszwiebeln
2 EL Speisestärke · 2 EL Reiswein
2 Eier · 500 g Geflügelhackfleisch
Salz · Pfeffer aus der Mühle
4 EL Öl
Für die Limettenauce:
2 unbehandelte Limetten
100 ml Austernsauce
4 EL Gemüsebrühe

ZUBEREITUNG

1 Für die Geflügelbällchen den Ingwer schälen und in sehr feine Würfel schneiden oder fein reiben. Die Frühlingszwiebeln putzen, waschen und in feine Ringe schneiden.

2 Die Speisestärke mit dem Reiswein glatt rühren. In einer großen Schüssel mit den Eiern, dem Hackfleisch, den Frühlingszwiebeln und dem Ingwer zu einem glatten Teig kneten. Mit Salz und Pfeffer würzen. Aus dem Fleischteig mit angefeuchteten Händen etwa 40 walnussgroße Bällchen formen.

3 Das Öl in einer Pfanne erhitzen und die Fleischbällchen darin portionsweise rundum goldbraun braten. Auf Küchenpapier abtropfen lassen.

4 Für die Sauce die Limetten heiß waschen, trocken reiben, 1 EL Limettenschale abreiben und den Saft auspressen. Austernsauce, Brühe und Limettensaft mischen, die abgeriebene Limettenschale unterrühren. Die Geflügelbällchen mit der Limettensauce anrichten und nach Belieben Krupuk (Krabbenchips) dazu servieren.

Frikadellen
mit Senf und Meerrettich

➤ deftig und würzig

ZUTATEN FÜR 4 PERSONEN

1 Brötchen (vom Vortag)
2 Zwiebeln
½ Bund Petersilie
700 g Schweinehackfleisch
300 g Rinderhackfleisch
1 EL Senf · 1 Ei
1 EL geriebener Meerrettich
Salz · Pfeffer aus der Mühle
5 EL Öl · 3 EL Butter

ZUBEREITUNG

1 Das Brötchen in warmem Wasser einweichen. Die Zwiebeln schälen und in feine Würfel schneiden. Die Petersilie waschen und trocken schütteln, die Blätter abzupfen und grob hacken.

2 Die beiden Hackfleischsorten in einer Schüssel mischen. Den Senf, das Ei und den Meerrettich unterrühren. Die Hackfleischmasse mit Salz und Pfeffer würzen. Das Brötchen gut ausdrücken, mit den Zwiebeln und der Petersilie dazugeben. Die Hackfleischmasse gründlich verkneten.

3 Aus der Hackfleischmasse mit angefeuchteten Händen 8 Frikadellen formen. Das Öl und die Butter in einer großen Pfanne erhitzen, die Frikadellen darin auf beiden Seiten scharf anbraten. Die Hitze reduzieren und die Frikadellen weitere 8 bis 10 Minuten braten, dabei einmal wenden. Aus der Pfanne nehmen und warm oder kalt servieren.

TIPP

Die Frikadellen sind zusammen mit Kartoffelsalat eine zünftige Mahlzeit. 100 g fein zerbröckelter Feta gibt der Hackfleischmasse noch mehr Würze. Verwenden Sie dann jedoch weniger Salz.

Tellersülze
vom Spanferkel

➤ das Beste für Gäste

ZUTATEN FÜR 4 PERSONEN

Für die Sülze:

3 gepökelte Spanferkelhaxen
(beim Metzger vorbestellen)
2 Zwiebeln · 1 Lorbeerblatt
2 Gewürznelken
2 Knoblauchzehen
3 Stiele Petersilie
1 Möhre · 150 g Knollensellerie
5 Wacholderbeeren
½ TL schwarze Pfefferkörner
2 Blatt weiße Gelatine
4–6 EL Weißweinessig
Salz · Zucker · Cayennepfeffer

Für die Meerrettichmousse:

60 g Sahne
1 EL Sahnemeerrettich
(aus dem Glas)
Salz · Cayennepfeffer
Weißweinessig · Zucker

Für den Belag:

4 Wachteleier · 4 Cornichons
1 Stange Staudensellerie
8 kleine Frühlingszwiebeln
8 kleine Möhren (mit Grün) · Salz

Außerdem:

1 EL Olivenöl
1 TL Weißweinessig
Salz · Pfeffer aus der Mühle
Zucker
Salatblätter zum Garnieren

ZUBEREITUNG

1 Für die Sülze die Spanferkelhaxen in einen Topf geben und mit Wasser bedecken. 1 Zwiebel schälen, mit dem Lorbeerblatt und den Nelken spicken. Den Knoblauch schälen und halbieren, die Petersilie waschen. Das Gemüse schälen, grob zerkleinern und mit der gespickten Zwiebel zu den Haxen geben. Bei schwacher Hitze knapp unter dem Siedepunkt etwa 3 Stunden ziehen lassen, dabei den aufsteigenden Schaum abschöpfen. Nach etwa 2½ Stunden die Wacholderbeeren, Pfefferkörner, Petersilie und den Knoblauch dazugeben.

2 Den Sud durch ein feines Sieb gießen, abkühlen lassen und entfetten. 600 ml abnehmen und leicht erwärmen, den restlichen Sud anderweitig verwenden. Die Gelatine in kaltem Wasser einweichen, mit den Händen ausdrücken und im warmen Sud auflösen. Auf Zimmertemperatur abkühlen lassen. Den abgekühlten Sud mit Essig, Salz, 1 Prise Zucker und Cayennepfeffer herzhaft würzen.

3 Für die Meerrettichmousse ¼ l vom Gelatinesud abnehmen, die Sahne und den Meerrettich hineinrühren, mit Salz, Cayennepfeffer, Essig und Zucker abschmecken und auf große tiefe Teller verteilen. Im Kühlschrank fest werden lassen. Den übrigen Gelatinesud ebenfalls im Kühlschrank fest werden lassen.

4 Für den Belag die Haxen auskühlen lassen und die Schwarte entfernen. Das Fleisch vom Knochen lösen und in Stücke zerteilen. Die Eier 2½ Minuten kochen, kalt abschrecken, pellen und halbieren. Die Cornichons schräg in Stücke schneiden.

5 Den Sellerie und die Frühlingszwiebeln putzen, längs halbieren, waschen und in 4 cm lange Stifte schneiden. Die Möhren putzen, dabei etwas Grün stehen lassen und schälen. Alle Gemüse nacheinander in kochendem Salzwasser blanchieren, kalt abschrecken und auf einem Sieb abtropfen lassen.

6 Fleisch, Eier, Cornichons und Gemüse auf der Meerrettichmousse anrichten. Das Gelee aus dem Kühlschrank nehmen und bis auf 2 EL durch eine Kartoffelpresse über den Belag drücken.

7 Das restliche Gelee leicht erwärmen, mit dem Öl und dem Essig verrühren und mit Salz, Pfeffer und Zucker würzen. Über die Sülze träufeln und mit den Salatblättern garniert servieren.

TIPP

Für die Sülze können Sie auch selbst gepökelte Hähnchenkeulen verwenden. Dafür 6 Tage vor der Zubereitung 2 l Wasser mit je 100 g Salz und Pökelsalz aufkochen. 2 Lorbeerblätter, 10 Wacholderbeeren, 4 Gewürznelken und 2 TL Senfkörner dazugeben, abkühlen lassen und 6 Hähnchenkeulen darin 5 Tage ziehen lassen. Wie im Rezept verarbeiten, jedoch nur insgesamt 1 Stunde garen.

Bayerischer Wurstsalat

mit roten Zwiebeln

➤ für echtes Biergarten-Feeling

ZUTATEN FÜR 4 PERSONEN

300 g Regensburger Würste
300 g rote Zwiebeln
2 EL Weißweinessig
1 TL mittelscharfer Senf
Salz · Pfeffer aus der Mühle
Zucker · 4 EL Öl
1 Bund Schnittlauch

ZUBEREITUNG

1 Die Regensburger Würste pellen und in feine Scheiben schneiden. Die Zwiebeln schälen und in feine Ringe schneiden.

2 Für die Vinaigrette den Essig mit dem Senf verrühren und mit Salz, Pfeffer und Zucker würzen. Nach und nach das Öl unterschlagen. Die Vinaigrette mit den Wurstscheiben und den Zwiebelringen mischen. Den Salat 1 Stunde durchziehen lassen.

3 Den Schnittlauch waschen, trocken schütteln und in Röllchen schneiden. Den Salat auf Teller verteilen oder in einer Schüssel anrichten und mit den Schnittlauchröllchen bestreuen. Nach Belieben mit Bauernbrot oder Roggenbrot servieren.

TIPP

Anstelle der Regensburger Würste können Sie auch in Streifen geschnittene feine Schinkenwurst verwenden. Wenn Sie zusätzlich in Streifen geschnittenen Emmentaler hinzufügen, wird daraus ein Schweizer Wurstsalat.

Schinkensalat

mit Spargel und Käse

➤ herzhafter Frühlingssalat

ZUTATEN FÜR 4 PERSONEN

2 Möhren · 200 g weißer Spargel
Salz · 100 g Erbsen (tiefgekühlt)
300 g gekochter Schinken
100 g Emmentaler (am Stück)
1 Bund Frühlingskräuter
(z. B. Petersilie oder Kerbel)
4 EL trockener Weißwein
2 Eigelb · 1 TL Senf
¼ l Öl · 2 EL Zitronensaft
½ TL Currypulver
Pfeffer aus der Mühle

ZUBEREITUNG

1 Die Möhren und den Spargel putzen bzw. schälen und quer halbieren. 1 l Salzwasser aufkochen und beides darin etwa 10 Minuten garen. Die Erbsen 5 Minuten mitgaren. Das Gemüse kalt abschrecken und abtropfen lassen.

2 Den Schinken, den Käse und die Möhren in etwa 1 cm große Würfel schneiden. Den Spargel in 1 cm dicke Scheiben schneiden.

3 Die Kräuter waschen, trocken schütteln, die Blätter abzupfen und fein hacken. Alle vorbereiteten Zutaten mischen und den Wein darübergießen.

4 Die Eigelbe mit Senf und etwas Salz mit den Quirlen des Handrührgeräts cremig rühren. Zunächst 100 ml Öl tröpfchenweise unter ständigem Rühren dazugeben, dann das restliche Öl in einem dünnen Strahl dazulaufen lassen. Die Mayonnaise mit Zitronensaft, Currypulver, Salz und Pfeffer würzen.

5 Den Salat mit der Mayonnaise mischen, kurz durchziehen lassen und vor dem Servieren noch einmal abschmecken.

TIPP

Der Salat lässt sich gut vorbereiten und beispielsweise zu einem Picknick oder Grillfest mitnehmen. Wichtig dabei: Die Salatzutaten erst kurz vor dem Servieren mit der Mayonnaise mischen.

Rotkohlsalat

mit Bratapfel und Entenbrust

➤ **herbstliche Dreierbeziehung**

ZUTATEN FÜR 4 PERSONEN

Für den Rotkohlsalat:

300 g Rotkohl
1 TL Aceto balsamico
1 EL Rotweinessig
Salz · Pfeffer aus der Mühle
1 EL Olivenöl
1 EL Walnussöl
1 EL Preiselbeerkonfitüre
Zucker

Außerdem:

1 Entenbrustfilet (ca. 300 g)
Salz · Pfeffer aus der Mühle
2 EL Öl
1 säuerlicher Apfel (z. B. Boskop)

ZUBEREITUNG

1 Für den Rotkohlsalat den Kohl putzen, die äußeren Blätter entfernen und den restlichen Kohl auf der Gemüsereibe hobeln oder mit einem scharfen Messer in feine Streifen schneiden.

2 Die beiden Essigsorten mit Salz und Pfeffer verrühren. Die beiden Ölsorten unterschlagen. Die Vinaigrette mit den Kohlstreifen in eine große Schüssel geben. Mit den Händen kurz und kräftig durchkneten. Die Preiselbeeren untermischen und den Salat durchziehen lassen.

3 Den Backofen auf 220 °C vorheizen. Die Entenbrust waschen, trocken tupfen und mit Salz und Pfeffer einreiben. Das Öl in einer ofenfesten Pfanne erhitzen. Das Entenbrustfilet auf der Hautseite 2 bis 3 Minuten scharf anbraten. Wenden und zugedeckt bei mittlerer Hitze 8 bis 10 Minuten braten. Das Entenbrustfilet im Ofen offen weitere 10 Minuten knusprig braten.

4 Den Apfel schälen, vierteln und das Kerngehäuse entfernen und das Fruchtfleisch in schmale Spalten schneiden. Die Ente aus dem Ofen und aus der Pfanne nehmen. Die Apfelspalten im Bratfett bei mittlerer Hitze von beiden Seiten anbraten.

5 Die Entenbrust einige Minuten ruhen lassen. Anschließend mit einem scharfen Messer in dünne Scheiben schneiden. Den Salat nochmals mit Salz, Pfeffer und Zucker abschmecken und auf Teller verteilen. Die Apfelspalten und die Entenbrustscheiben darauf anrichten und servieren.

TIPP

Anstelle der Entenbrust passen auch Gänse- und Wachtelbrust sowie Entenlebern hervorragend zum Rotkohlsalat. Statt der Preiselbeeren eignen sich auch verschiedene Konfitüren zum Süßen des Salats, z. B. Johannisbeer-, Himbeer- und Brombeerkonfitüre oder Pflaumenmus.

Radicchiosalat
mit Hasenfilet und Birnen

➤ kräftiger Aromenmix

ZUTATEN FÜR 4 PERSONEN

300 g Hasenfilet
Salz · Pfeffer aus der Mühle
6 EL Öl · 4 EL Wildfond
2 Birnen (nicht zu weich)
2 cl roter Portwein · 50 g Pinienkerne
100 g Knollensellerie · 150 g Radicchio
1 EL Aceto balsamico · 2 EL Rotweinessig
2 EL Walnussöl

ZUBEREITUNG

1 Das Hasenfilet waschen und trocken tupfen, mit Salz und Pfeffer würzen. In einer Pfanne 2 EL Öl erhitzen. Das Fleisch darin rundum 3 bis 5 Minuten scharf anbraten, in Alufolie wickeln und ruhen lassen. Den Bratensatz mit dem Wildfond ablöschen und in eine Schüssel gießen.

2 Die Birnen schälen, halbieren, die Kerngehäuse entfernen und das Fruchtfleisch längs in schmale Spalten schneiden. 1 EL Öl in der Pfanne erhitzen, die Birnen darin anbraten. Mit Portwein ablöschen, kurz aufkochen lassen und vom Herd nehmen.

3 Pinienkerne in einer beschichteten Pfanne ohne Fett anrösten. Sellerie putzen, schälen und erst in Scheiben, dann in feine Streifen schneiden. Radicchio putzen, waschen, trocken schleudern, in Streifen schneiden und auf Teller verteilen.

4 Die beiden Essigsorten mit Salz und Pfeffer verrühren. Nach und nach das restliche Öl und das Walnussöl unterschlagen und den Bratenfond unterrühren. Das Hasenfilet schräg in dünne Scheiben schneiden, mit den Birnen auf dem Radicchio anrichten. Mit Sellerie und Pinienkernen bestreuen und mit der Vinaigrette beträufelt servieren.

Feldsalat
mit Entenleber

➤ Schnelles für Gourmets

ZUTATEN FÜR 4 PERSONEN

300 g Feldsalat
2 Stangen Rhabarber
2 TL Zucker · 250 g Entenleber
4 EL Olivenöl
Salz · Pfeffer aus der Mühle
2 EL Aceto balsamico · 2 Feigen

ZUBEREITUNG

1 Den Feldsalat verlesen, waschen und trocken schleudern. Den Rhabarber putzen, waschen und holzige Enden entfernen, eventuell die Haut mit einem Messer in feinen Streifen abziehen. Die Rhabarberstangen in kleine Stücke schneiden.

2 In einem Topf 1 l Wasser mit dem Zucker aufkochen und den Rhabarber darin etwa 4 Minuten bissfest blanchieren. In ein Sieb abgießen, kalt abschrecken und abtropfen lassen.

3 Die Entenleber waschen und trocken tupfen. In einer Pfanne 1 EL Olivenöl erhitzen, die Leber darin rundum 3 Minuten goldbraun braten. Mit Salz und Pfeffer würzen, quer in Scheiben schneiden.

4 Den Essig mit Salz und Pfeffer verrühren. Nach und nach das restliche Öl unterschlagen. Die Feigen waschen und in breite Spalten schneiden. Den Feldsalat mit dem Rhabarber, der Entenleber und den Feigen auf Tellern anrichten und mit der Vinaigrette beträufelt servieren.

TIPP

Sie können den Salat statt mit Leber auch mit Entenbrust veredeln: Dafür von 300 g Filet Haut samt Fett abziehen. Das Filet in Streifen schneiden und in Öl rundum etwa 3 Minuten anbraten.

Rucolasalat
mit Schweinefilet und Erdbeeren

➤ fruchtig-frisches Sommergericht

ZUTATEN FÜR 4 PERSONEN

2 Zitronen (davon 1 unbehandelt)
6 EL Olivenöl
weißer Pfeffer aus der Mühle
600 g Schweinefilet (in Streifen)
300 g Erdbeeren · 1 Bund Rucola
4 Frühlingszwiebeln
1 EL kalte Butter · Salz

ZUBEREITUNG

1 Die unbehandelte Zitrone heiß waschen, trocken reiben, die Schale abreiben und den Saft auspressen. Den Zitronensaft mit 4 EL Olivenöl und der abgeriebenen Zitronenschale verrühren, mit Pfeffer würzen. Die Marinade über das Fleisch gießen, zugedeckt im Kühlschrank 1 Stunde ziehen lassen.

2 Die Erdbeeren waschen, putzen, trocken tupfen und vierteln. Den Rucola verlesen, waschen und trocken schütteln, grobe Stiele entfernen. Die Frühlingszwiebeln putzen, waschen und in 2 cm lange Stücke schneiden.

3 In einer Pfanne das restliche Olivenöl erhitzen. Das Fleisch aus der Marinade nehmen, trocken tupfen und im Öl rundum anbraten. Herausnehmen und beiseitestellen. Die Frühlingszwiebeln im Bratensatz anbraten und herausnehmen. Die Marinade in die Pfanne gießen. Die zweite Zitrone auspressen, den Saft dazugeben und aufkochen.

4 Vom Herd nehmen und die Butter in die Sauce rühren, mit Salz und Pfeffer abschmecken. Das Fleisch wieder in die Sauce geben und etwas ziehen lassen. Erdbeeren, Rucola und Frühlingszwiebeln mit dem Fleisch auf Tellern anrichten. Die Sauce darüberträufeln und servieren.

Chicoréesalat
mit Mango und Hähnchenbrust

➤ Leichtes für heiße Tage

ZUTATEN FÜR 4 PERSONEN

2 Hähnchenbrustfilets (à ca. 160 g)
Salz · Cayennepfeffer
1 EL Honig · 2 EL Sesamöl
300 g weißer Spargel
3 EL Weißweinessig · Zucker
5 EL Öl · 1–2 EL Butter
4 Stauden Chicorée
1 große Mango

ZUBEREITUNG

1 Die Hähnchenbrustfilets waschen, trocken tupfen und mit Salz und Cayennepfeffer würzen. Den Honig mit dem Sesamöl zu einer Marinade verrühren, die Hähnchenbrustfilets darin wenden und etwas durchziehen lassen.

2 Den Spargel schälen und holzige Enden entfernen. Die Spargelstangen schräg in ½ cm dicke Scheiben schneiden und in reichlich kochendem Salzwasser etwa 12 Minuten garen. In ein Sieb abgießen, kalt abschrecken und abtropfen lassen.

3 Den Essig mit je 1 Prise Salz und Zucker verrühren, nach und nach das Öl unterschlagen. Die Vinaigrette mit den Spargelscheiben mischen und etwas durchziehen lassen.

4 Die Butter in einer Pfanne erhitzen, die Hähnchenbrustfilets darin auf beiden Seiten 2 Minuten anbraten. Die Hitze reduzieren, die Filets etwa 10 Minuten fertig garen, dabei einmal wenden.

5 Den Chicorée putzen, waschen und trocken schleudern. Die Blätter in breite Streifen schneiden. Die Mango schälen, das Fruchtfleisch zuerst vom Stein und dann in Würfel schneiden.

6 Den Chicorée mit den Mangowürfeln auf Tellern anrichten, den Spargel mit der Vinaigrette dazugeben. Die Hähnchenbrustfilets quer in Scheiben schneiden und auf dem Salat anrichten. Nach Belieben geröstete Baguettescheiben dazu servieren.

Hähnchen-Sandwich

mit Frühstücksspeck

➤ Snack für zwischendurch

ZUTATEN FÜR 4 PERSONEN

12 Scheiben Toast- oder Weißbrot
2 gebratene Hähnchenbrustfilets (à ca. 150 g)
einige Blätter Endiviensalat
4 EL Salatmayonnaise
2 Fleischtomaten
8 Scheiben Frühstücksspeck

ZUBEREITUNG

1 Die Brotscheiben im Toaster goldbraun rösten. Die Hähnchenbrust in feine Scheiben schneiden und auf 4 Brotscheiben verteilen.

2 Die Salatblätter waschen, trocken schütteln und in mundgerechte Stücke zerteilen. Auf die Hähnchenbrust legen und die Hälfte der Mayonnaise daraufstreichen. Jeweils mit einer zweiten Scheibe Weißbrot belegen.

3 Tomaten waschen und in Scheiben schneiden, dabei die Stielansätze entfernen. Die jeweils zweite Toastbrotscheibe mit der restlichen Mayonnaise bestreichen und die Tomatenscheiben darauflegen.

4 Den Speck in einer Pfanne ohne Fett knusprig auslassen, auf die Tomatenscheiben legen und mit dem restlichen Toastbrot zudecken. Die Sandwiches diagonal halbieren und mit Holzspießen feststecken.

Tortilla-Wraps

mit Putenbrust

➤ von der Hand in den Mund

ZUTATEN FÜR 16 STÜCK

450 g Putenbrustfilet
Salz · Pfeffer aus der Mühle
2 EL Öl · 1 Salatgurke
1 Bund Frühlingszwiebeln
1 Bund Rucola
8 Weizentortillas (Fertigprodukt)
je 8 EL Mayonnaise und grüner Ketchup

ZUBEREITUNG

1 Das Putenbrustfilet waschen, trocken tupfen und mit Salz und Pfeffer würzen. Das Öl in einer Pfanne erhitzen und das Fleisch darin 10 bis 12 Minuten goldbraun braten. Herausnehmen, abkühlen lassen und in etwa 8 cm lange, dünne Streifen schneiden.

2 Die Gurke schälen und längs halbieren, die Kerne mit einem Teelöffel entfernen. Die Frühlingszwiebeln putzen und waschen. Beides in etwa 8 cm lange, feine Streifen schneiden.

3 Den Backofen auf 200 °C vorheizen. Den Rucola verlesen, waschen und trocken schütteln, grobe Stiele entfernen. Die Tortillas im Ofen etwa 3 Minuten erwärmen, bis sie geschmeidig sind.

4 Die Tortillas halbieren und mit der Mayonnaise bestreichen. Jeweils einige Gurken- und Frühlingszwiebelstreifen, Rucolablätter und Putenbruststreifen mittig darauf verteilen. Die Tortillahälften vorsichtig tütenförmig aufrollen, jeweils 1/2 EL grünen Ketchup als Klecks daraufsetzen.

TIPP

Besonders dekorativ sieht es aus, wenn die Tortilla-Wraps in Eierbechern oder kleinen Gläsern serviert werden. So verzieren sie jedes Büfett.

Mini-Tortillas
mit Serranoschinken

➤ Klassiker im Kleinformat

ZUTATEN FÜR 8 STÜCK

100 g grüne Bohnen (tiefgekühlt)
100 g Erbsen (tiefgekühlt) · Salz
100 g Serranoschinken (in Scheiben)
300 g Tomaten
½ Bund Frühlingszwiebeln
1 Knoblauchzehe
1 grüne Paprikaschote
2 EL Olivenöl
50 ml trockener Sherry
Fett für die Förmchen
8 Eier · Pfeffer aus der Mühle
Tabasco

ZUBEREITUNG

1 Die Bohnen und die Erbsen in kochendem Salzwasser etwa 4 Minuten blanchieren. In ein Sieb abgießen, kalt abschrecken und abtropfen lassen.

2 Den Schinken in Streifen schneiden, in einer beschichteten Pfanne ohne Fett knusprig auslassen und beiseitestellen. Die Tomaten überbrühen, häuten, vierteln und entkernen, das Fruchtfleisch in kleine Würfel schneiden.

3 Die Frühlingszwiebeln putzen, waschen und in feine Ringe schneiden. Den Knoblauch schälen und in feine Würfel schneiden. Die Paprikaschote längs halbieren, entkernen, waschen und in kleine Würfel schneiden.

4 Den Backofen auf 200 °C vorheizen. Das Olivenöl in einer Pfanne erhitzen, die Frühlingszwiebelringe und die Knoblauchwürfel darin andünsten. Die Tomaten- und Paprikawürfel, die Bohnen, die Erbsen und den Sherry hinzufügen. Das Gemüse etwa 5 Minuten dünsten.

5 Acht Tarteletteförmchen (à 12 cm Ø) einfetten. Das Gemüse und den Schinken darauf verteilen. Die Eier verquirlen, mit Salz, Pfeffer und einigen Spritzern Tabasco würzen und gleichmäßig auf die Förmchen verteilen. Die Tortillas im Ofen auf der mittleren Schiene etwa 12 Minuten backen.

TIPP

Noch herzhafter schmecken die Tortillas, wenn Sie unter die Eiermasse etwas geriebenen Hartkäse, z. B. Manchego, rühren. Der Schinken kann durch Knoblauchwurst (Chorizo) ersetzt werden.

Mini-Pies
mit Kalbfleisch

➤ für Gäste und Feste

ZUTATEN FÜR 8 PERSONEN

300 g Blätterteig (tiefgekühlt)
2 Zwiebeln · 3 Knoblauchzehen
3 EL Öl · 500 g Kalbshackfleisch
4 EL Tomatenmark
Salz · Pfeffer aus der Mühle
1 TL getrockneter Rosmarin
Fett für die Förmchen
Mehl für die Arbeitsfläche
2 Kugeln Mozzarella (à 125 g)
4 Eier · 150 g Crème fraîche
2 Eigelb

ZUBEREITUNG

1 Die Blätterteigplatten nebeneinanderliegend auftauen lassen. Zwiebeln und Knoblauch schälen und in feine Würfel schneiden. Das Öl in einer Pfanne erhitzen, Zwiebeln und Knoblauch darin andünsten. Das Hackfleisch hinzufügen und bei starker Hitze unter Rühren krümelig braten. Tomatenmark unterrühren und das Fleisch mit Salz, Pfeffer und Rosmarin würzen. Die Pfanne vom Herd nehmen, das Hackfleisch abkühlen lassen.

2 Den Backofen auf 180 °C vorheizen, acht Portionsförmchen (à 8 cm Ø) einfetten. Die Blätterteigplatten aufeinanderlegen und auf der bemehlten Arbeitsfläche dünn ausrollen. 8 Teigkreise (à 16 cm Ø) ausstechen oder -schneiden. Förmchen damit auskleiden, die Teigreste beiseitelegen.

3 Den Mozzarella in dünne Scheiben schneiden. Eier und Crème fraîche unter die Hackfleischmasse mischen. Die Füllung auf die Förmchen verteilen und mit den Mozzarellascheiben belegen. Aus dem restlichen Teig 8 große Kreise (à 8 cm Ø) ausstechen und die Pasteten damit bedecken.

4 Die Eigelbe verquirlen und die Pasteten damit bestreichen. Die Mini-Pies im Ofen auf der mittleren Schiene etwa 30 Minuten goldbraun backen. Aus dem Ofen nehmen, leicht abkühlen lassen und in der Form servieren.

Empanadas
mit Hackfleischfüllung

➤ herzhafte Teigtäschchen

ZUTATEN FÜR 4 PERSONEN

Für den Hefeteig:
250 g Mehl
½ Würfel Hefe (21 g)
100 ml lauwarme Milch · 2 Eier
Salz · Zucker · 1 TL Öl
Außerdem:
1 Zwiebel · 1 Knoblauchzehe
125 g Champignons
1 EL Butter · 1 EL Öl
250 g Rinderhackfleisch
Salz · Pfeffer aus der Mühle
1 TL Paprikapulver (edelsüß)
½ TL gemahlener Kreuzkümmel
Mehl für die Arbeitsfläche
1 Eigelb · Fett für das Backblech

ZUBEREITUNG

1 Für den Hefeteig das Mehl in eine Schüssel sieben, in die Mitte eine Mulde drücken. Die Hefe in der Milch auflösen, in die Mulde gießen, etwas Mehl vom Rand her einarbeiten und rühren, bis ein klebriger Brei entsteht. Zugedeckt 15 Minuten gehen lassen. Die Eier, je 1 Prise Salz und Zucker und das Öl dazugeben. Alles zu einem glatten, elastischen Teig verkneten und zugedeckt an einem warmen Ort weitere 30 Minuten gehen lassen.

2 Die Zwiebel und den Knoblauch schälen und in feine Würfel schneiden. Die Pilze putzen, trocken abreiben und klein schneiden. Butter und Öl in einer Pfanne erhitzen, Zwiebel und Knoblauchwürfel darin andünsten. Das Hackfleisch dazugeben und krümelig braten. Die Pilze dazugeben und mitbraten. Mit Salz, Pfeffer, Paprikapulver und Kreuzkümmel würzen.

3 Den Teig auf der bemehlten Arbeitsfläche ausrollen und Kreise (à 10 cm Ø) ausstechen. Teigreste wieder durchkneten, erneut ausrollen und ebenfalls ausstechen. Jeweils etwas Hackfleischfüllung auf jeden Teigkreis geben und die Pasteten halbmondförmig übereinanderschlagen. Die Ränder mit einer Gabel gut zusammendrücken.

4 Den Backofen auf 200 °C vorheizen. Das Eigelb verquirlen. Die Pasteten auf ein gefettetes Backblech setzen, mit dem Eigelb bestreichen und nochmals 20 Minuten gehen lassen. Die Empanadas im Ofen auf der mittleren Schiene etwa 15 Minuten goldgelb backen.

TIPP

Probieren Sie die Füllung auch einmal mit Lammhackfleisch. Mit gerösteten Pinienkernen erhält die Füllung eine knackige Konsistenz, mit geriebenem Manchegokäse zusätzliche Würze. Gebratene Paprika- und Zucchiniwürfel sind die richtige Ergänzung für alle Gemüsefans.

Lammtöpfchen
mit Kräutern der Provence

➤ ideal fürs Partybüfett

ZUTATEN FÜR 8 PERSONEN

100 g Weißbrot (vom Vortag)
1½ Bund Basilikum
2 Zweige Thymian
2 weiße Zwiebeln · 1 Knoblauchzehe
400 g Tomaten · 800 g Lammfleisch (aus der Schulter)
Salz · Pfeffer aus der Mühle
2 EL Olivenöl · ¼ l trockener Rotwein
150 ml Gemüsebrühe
400 g grüne Bohnen
2 EL Aceto balsamico
1 EL Zitronensaft · Zucker
8 Cocktailtomaten · 3 EL Butter

ZUBEREITUNG

1 Das Weißbrot in kleine Würfel schneiden. Die Kräuter waschen und trocken schütteln, die Blätter abzupfen. Zwei Drittel der Basilikumblätter grob hacken, das restliche Basilikum im Blitzhacker mit den Brotwürfeln fein zermahlen. Die Zwiebeln und den Knoblauch schälen und in feine Würfel schneiden. Die Hälfte des Knoblauchs unter die Weißbrotmischung rühren.

2 Die Tomaten überbrühen, häuten, vierteln und entkernen, das Fruchtfleisch in Würfel schneiden. Das Lammfleisch in etwa 2 cm große Würfel schneiden, mit Salz und Pfeffer würzen.

3 Das Olivenöl in einem großen Topf erhitzen, die Fleischwürfel darin portionsweise rundum kräftig anbraten. Das Fleisch herausnehmen, die Zwiebeln und den restlichen Knoblauch in den Topf geben und andünsten. Die Tomaten hinzufügen, Wein und Brühe dazugießen und alles zugedeckt bei schwacher Hitze 10 Minuten köcheln lassen.

4 Die Fleischwürfel, das gehackte Basilikum und den Thymian unterrühren und weitere 5 Minuten köcheln lassen.

5 Die Bohnen putzen, waschen und in kochendem Salzwasser 8 bis 10 Minuten garen. In ein Sieb abgießen, kalt abschrecken und abtropfen lassen. Den Backofengrill einschalten.

6 Die Bohnen unter den Lammtopf rühren, mit Essig, Zitronensaft, Salz, Pfeffer und 1 Prise Zucker würzen. Den Lammtopf auf ofenfeste Förmchen verteilen. Die Cocktailtomaten waschen, mit der Kräuter-Brot-Mischung ebenfalls auf die Förmchen verteilen und die Butter in Flöckchen daraufsetzen. Die Lammtöpfchen unter dem Grill auf der mittleren Schiene 5 Minuten überbacken.

Flädlesuppe
mit Schnittlauch

➤ schwäbisches Leibgericht

ZUTATEN FÜR 4 PERSONEN

1 Suppenhuhn (ca. 1,8 kg)
1 Bund Suppengemüse · 1 Zwiebel
1 Bund Petersilie · 1 Zweig Thymian
10 schwarze Pfefferkörner
Salz · 1 EL helle Sesamsamen
6 Spinatblätter · 4 EL Mehl
4 Eier · 2 EL Mineralwasser
Butterschmalz zum Ausbacken
1 Bund Schnittlauch

ZUBEREITUNG

1 Das Huhn innen und außen waschen. Mit der Brustseite nach unten in einen großen Topf legen und mit 3 l kaltem Wasser übergießen. Bei starker Hitze zum Kochen bringen und den dabei entstehenden Schaum mit der Schaumkelle abnehmen. Die Hitze reduzieren.

2 Das Suppengemüse putzen, waschen bzw. schälen und klein schneiden. Die Zwiebel schälen und halbieren. Suppengemüse, Zwiebelhälften und gewaschene Kräuter in den Topf geben. Pfefferkörner und 1 EL Salz hinzufügen, bei schwacher Hitze zugedeckt 2 bis 2 1/2 Stunden köcheln lassen. Nach etwa 1 Stunde das Huhn wenden.

3 Das Huhn herausheben und anderweitig verwenden. Die Brühe durch ein mit einem Küchentuch ausgelegtes Sieb in einen Topf gießen. Das Fett abschöpfen.

4 Für den Pfannkuchenteig den Sesam in einer beschichteten Pfanne ohne Fett leicht anrösten. Den Spinat waschen und gründlich trocken tupfen.

5 Mehl, Eier, Mineralwasser, Spinat und 1 TL Salz in einen hohen Rührbecher geben und mit dem Stabmixer rasch zu einem glatten Teig verrühren. Den abgekühlten Sesam dazugeben und den Teig etwa 20 Minuten ruhen lassen.

6 Portionsweise etwas Butterschmalz in einer Pfanne erhitzen und nacheinander 4 Pfannkuchen darin backen. Die fertigen Pfannkuchen etwas abkühlen lassen, aufrollen und in feine Streifen schneiden. Den Schnittlauch waschen, trocken schütteln und in feine Röllchen schneiden.

7 Die Pfannkuchenstreifen auf Suppentassen verteilen. Mit der heißen Hühnerbrühe übergießen und mit Schnittlauchröllchen bestreut servieren.

TIPP

Wenn Sie die Suppe nicht als Vorspeise anbieten wollen, können Sie auch etwas Fleisch vom Suppenhuhn mit in die Suppe geben und als Ergänzung klein geschnittenes gedünstetes Gemüse, wie Frühlingszwiebeln oder Pastinaken. Für klassische Flädle den Sesam und den Spinat weglassen und 2 EL Mineralwasser oder Milch mehr verwenden.

Klare Suppe
mit Speckknödeln

➤ **Deftiges aus Großmutters Küche**

ZUTATEN FÜR 4 PERSONEN

250 g Brötchen (vom Vortag)
150 ml lauwarme Milch
100 g durchwachsener Räucherspeck
1 Bund Schnittlauch
1 Ei · Salz · Pfeffer aus der Mühle
1 l Rinderbrühe (Fertigprodukt oder nach Rezept S. 31/32, Step 1 bis 3)

ZUBEREITUNG

1 Die Brötchen in Würfel schneiden und in eine Schüssel geben. Mit der Milch übergießen und 20 Minuten einweichen.

2 Den Speck in kleine Würfel schneiden und in einer Pfanne ohne Fett knusprig auslassen. Die Speckwürfel auf Küchenpapier abtropfen lassen und unter die Knödelmasse mischen.

3 Den Schnittlauch waschen, trocken schütteln und in feine Röllchen schneiden. Die Hälfte der Schnittlauchröllchen und das Ei zur Knödelmasse geben. Mit Salz und Pfeffer würzen und die Mischung gründlich verkneten.

4 Die Brühe erhitzen. Die Knödelmasse nochmals abschmecken und 16 kleine Knödel daraus formen. Die Speckknödel in der köchelnden Brühe 6 bis 8 Minuten gar ziehen lassen. Die Suppe auf tiefe Teller verteilen. Mit dem restlichen Schnittlauch bestreut servieren.

TIPP

Achten Sie bei der Verwendung von Fertigbrühe darauf, dass sie keine Geschmacksverstärker wie Natriumglutamat enthält. Mit Produkten aus dem Biomarkt sind Sie auf der sicheren Seite.

Gemüsesuppe
mit Fleischklößchen

➤ etwas Warmes braucht der Mensch

ZUTATEN FÜR 4 PERSONEN

500 g Hühnerklein
(Rücken, Hälse, Flügel etc.)
Salz · einige schwarze Pfefferkörner
1 Zweig Thymian
1 Bund Suppengemüse
2 Möhren
1 Stange Lauch
100 g Zuckerschoten
4 Stangen Staudensellerie
1 Scheibe Toastbrot
4 EL Sahne · 1 Ei
250 g Kalbshackfleisch
Pfeffer aus der Mühle
abgeriebene Schale von
1 unbehandelten Zitrone
100 g Sternchennudeln
½ Bund Schnittlauch

ZUBEREITUNG

1 Das Hühnerklein waschen. In einen großen Topf 2 l Wasser geben. Hühnerklein, Salz, Pfefferkörner und Thymian hinzufügen und aufkochen. Das Suppengemüse putzen, waschen bzw. schälen, klein schneiden und in den Topf geben. Alles bei schwacher Hitze etwa 1 Stunde köcheln lassen.

2 Inzwischen die Möhren putzen und schälen. Den Lauch, die Zuckerschoten und den Staudensellerie putzen und waschen. Möhren, Lauch und Sellerie in dünne Scheiben schneiden.

3 Das Toastbrot in der Sahne einweichen. Mit Ei und Hackfleisch zu einer glatten Masse verkneten und mit Salz, etwas Pfeffer und Zitronenschale würzen. Mit angefeuchteten Händen kleine Klößchen aus der Masse formen.

4 Die Hühnerbrühe durch ein Sieb gießen und erneut aufkochen. Das Gemüse in die Suppe geben und darin etwa 10 Minuten garen. Die Fleischklößchen hinzufügen und 8 Minuten garen. Dann die Sternchennudeln in die Suppe geben und etwa 5 Minuten mitgaren.

5 Den Schnittlauch waschen, trocken schütteln und in Röllchen schneiden. Die Gemüsesuppe auf tiefe Teller verteilen und mit den Schnittlauchröllchen bestreut servieren.

Rinderkraftbrühe
mit Grießklößchen

➤ Grundrezept für allerlei Suppen

ZUTATEN FÜR 4 PERSONEN

1 Zwiebel
1 Bund Suppengemüse
300 g Suppenfleisch (vom Rind)
200 g Suppenknochen (vom Rind)
3 Stiele Petersilie
1 Lorbeerblatt
1 TL schwarze Pfefferkörner
Salz · 40 g weiche Butter
75 g Weichweizengrieß
2 Eigelb · 100 g Speisequark
weißer Pfeffer aus der Mühle
frisch geriebene Muskatnuss
2 kleine Möhren (mit Grün)
¼ Stange Lauch
1 Bund Schnittlauch

ZUBEREITUNG

1 Die Zwiebel waschen und mit der Schale halbieren. Das Suppengemüse putzen, waschen bzw. schälen und klein schneiden. Das Fleisch, die Knochen und die Petersilie waschen.

2 Die Zwiebelhälften, das Suppengemüse und die Petersilie in einen großen Topf geben. Fleisch, Knochen und 1 l kaltes Wasser hinzufügen. Mit dem Lorbeerblatt, den Pfefferkörnern und 1 TL Salz würzen und bei schwacher bis mittlerer Hitze langsam aufkochen. Den dabei entstehenden Schaum mit der Schaumkelle abschöpfen. Die Suppe mit schräg aufgelegtem Deckel bei schwacher Hitze etwa 2 Stunden köcheln lassen.

3 Das Fleisch aus der Brühe nehmen und anderweitig verwenden. Die Brühe durch ein mit einem Küchentuch ausgelegtes Sieb gießen, das Fett abschöpfen.

4 Für die Grießklößchen die Butter schaumig rühren und etwas Grieß untermischen. Die Eigelbe und nach und nach den restlichen Grieß sowie den Quark unterrühren. Den Teig mit Salz, Pfeffer und Muskatnuss würzen und etwa 30 Minuten ruhen lassen.

5 Die Möhren putzen, dabei etwas Grün stehen lassen, schälen und längs halbieren. Den Lauch putzen, waschen und in Scheiben schneiden. Aus dem Grießteig mithilfe von zwei Esslöffeln Nocken abstechen und in die kochende Brühe geben. Das Gemüse hinzufügen und alles bei schwacher Hitze etwa 15 Minuten gar ziehen lassen.

6 Den Schnittlauch waschen, trocken schütteln und in feine Röllchen schneiden. Die Suppe mit den Klößchen und dem Gemüse in tiefen Tellern anrichten und mit Schnittlauch und grob gemahlenem Pfeffer bestreut servieren.

TIPP

Als schnelle Alternative zu den selbst gemachten Grießklößchen bieten sich fertige Grieß-, Mark- oder Leberklößchen aus dem Handel an. Für gelbe Grießklößchen ersetzen Sie den Weizen- einfach durch Maisgrieß.

Kartoffelsuppe

mit Mettwurst und Maisbrot

➤ **Feines für Fans der tollen Knolle**

ZUTATEN FÜR 4 PERSONEN

Für die Kartoffelsuppe:

150 g getrocknete braune Bohnen
1 l Gemüsebrühe
300 g Mangold
300 g festkochende Kartoffeln
200 g geräucherte Mettwurst
Salz · Pfeffer aus der Mühle
frisch geriebene Muskatnuss

Für das Maisbrot:

100 g Maismehl
100 g Weizenmehl
1 TL Backpulver
1 EL Zucker · 4 EL Öl
1 Ei · Salz
100 g saure Sahne
Fett für die Form

ZUBEREITUNG

1 Für die Kartoffelsuppe die Bohnen am besten über Nacht in reichlich kaltem Wasser einweichen. Am nächsten Tag auf einem Sieb abtropfen lassen. Die Brühe erhitzen und die Bohnen darin bei schwacher Hitze etwa 40 Minuten köcheln lassen.

2 Den Mangold putzen und waschen. Die harten weißen Blattstiele heraustrennen und in kleine Stücke schneiden, die Blätter in Streifen schneiden. Die Kartoffeln schälen, waschen und in Würfel schneiden. Die Mettwurst in Scheiben schneiden.

3 Für das Maisbrot den Backofen auf 180 °C vorheizen. Die beiden Mehlsorten, das Backpulver und den Zucker in einer Schüssel mischen. Das Öl, das Ei, 1 TL Salz und die saure Sahne dazugeben und alles mit den Quirlen des Handrührgeräts zu einem glatten Teig verrühren.

4 Eine ofenfeste Form einfetten. Den Teig in die Form füllen und im Ofen auf der mittleren Schiene etwa 25 Minuten backen.

5 Die Mangoldstiele und die Kartoffelwürfel nach 40 Minuten Garzeit zu den Bohnen geben und etwa 12 Minuten mitgaren. Die Mangoldblätter hinzufügen und weitere 5 Minuten köcheln lassen. Die Suppe mit Salz, Pfeffer und Muskatnuss abschmecken und die Würstchen darin erwärmen. Das Maisbrot in Stücke schneiden, die Suppe auf tiefe Teller oder Suppentassen verteilen und das Maisbrot dazu servieren.

TIPP

Mangoldblätter werden wie Spinat zubereitet, sie sind allerdings würziger. Angeboten werden vor allem weißstielige Sorten, es gibt aber auch Züchtungen mit leuchtend gelben oder roten Stielen. Für Salat nur kleine, ganz junge Blätter verwenden und eventuell die Stiele entfernen. Für Suppen hingegen eignen sich auch größere Blätter.

Linsensuppe
mit Frankfurter Würstchen

➤ herzhafter Sattmacher

ZUTATEN FÜR 4 PERSONEN

300 g braune Linsen
2 Bund Suppengemüse
200 g festkochende Kartoffeln
1½ l Rinderbrühe
1 TL getrockneter Thymian
1 Lorbeerblatt · 1 Zwiebel
100 g durchwachsener Räucherspeck
1 EL Butterschmalz
4 Paar Frankfurter Würstchen
½ Bund Petersilie
2 EL Essig · 1 TL Senf
Salz · Pfeffer aus der Mühle

ZUBEREITUNG

1 Die Linsen etwa 2 Stunden in kaltem Wasser einweichen, in ein Sieb geben und kalt abbrausen.

2 Das Suppengemüse putzen, waschen bzw. schälen und in kleine Würfel schneiden. Die Kartoffeln schälen, waschen und in 1 cm große Würfel schneiden.

3 Die Brühe in einem Topf erhitzen. Das Suppengemüse, die Kartoffeln und die Linsen dazugeben und aufkochen lassen. Mit dem Thymian und dem Lorbeerblatt würzen und die Suppe 30 bis 40 Minuten köcheln lassen.

4 Die Zwiebel schälen und in feine Würfel schneiden. Den Speck kleine Würfel schneiden. Butterschmalz in einer kleinen Pfanne erhitzen und die Zwiebel- und Speckwürfel langsam bei schwacher Hitze darin anbraten.

5 Die Speckmischung und die Würstchen zur Suppe geben und zugedeckt erhitzen, aber nicht mehr kochen lassen. Die Petersilie waschen, trocken schütteln und die Blätter abzupfen. Die Hälfte der Blätter fein hacken, den Rest beiseitelegen.

6 Den Essig, den Senf und die gehackte Petersilie unter die Suppe rühren. Mit Salz und Pfeffer abschmecken. Die Linsensuppe mit den Würstchen auf tiefe Teller verteilen und mit der restlichen Petersilie garniert servieren.

TIPP

1 Bund Suppengemüse besteht meist aus 1 bis 2 Möhren, 1 Stück Knollensellerie, ½ Stange Lauch und einigen Stielen Petersilie. Für ein besonderes Aroma sorgt zusätzlich 1 Stück Petersilienwurzel. Auch andere Gemüsesorten, wie etwa Pastinaken, Fenchel, Staudensellerie oder Kohlrabi, können nach Geschmack als Suppenbasis verwendet werden.

Gulaschsuppe
mit saurer Sahne

➤ Deftiges für kalte Tage

ZUTATEN FÜR 4 PERSONEN

Für die Suppe:
700 g Rindfleisch (aus Wade oder Schulter)
400 g Zwiebeln · 1–2 EL Öl
1 EL Tomatenmark
¾ l Hühnerbrühe
1 rote Paprikaschote
400 g vorwiegend festkochende Kartoffeln
Salz · Pfeffer aus der Mühle
1 Lorbeerblatt · 4 TL saure Sahne
Für das Gulaschgewürz:
2 Knoblauchzehen
je ½ TL ganzer Kümmel
und getrockneter Majoran
abgeriebene Schale von
½ unbehandelten Zitrone
½ TL Paprikapulver (edelsüß)
1–2 EL Hühnerbrühe

ZUBEREITUNG

1 Für die Suppe das Rindfleisch von Fett und Sehnen befreien und in 1 cm große Würfel schneiden. Die Zwiebeln schälen und in feine Würfel schneiden. Das Öl in einem großen, flachen Topf erhitzen, die Fleischstücke darin bei mittlerer Hitze rundum anbraten und aus dem Topf nehmen.

2 Die Zwiebelwürfel in den Topf geben und darin andünsten. Das Tomatenmark unterrühren und einige Minuten mitdünsten. Das Fleisch dazugeben und die Brühe angießen. Die Suppe zugedeckt bei schwacher Hitze etwa 2 Stunden köcheln lassen.

3 Die Paprikaschote längs halbieren, entkernen, waschen und in kleine Würfel schneiden. Die Kartoffeln schälen, waschen und ebenfalls in kleine Würfel schneiden.

4 Nach 2 Stunden Garzeit die Paprika- und Kartoffelwürfel in die Suppe geben. Mit Salz und Pfeffer würzen, das Lorbeerblatt dazugeben und die Suppe weitere 30 Minuten garen.

5 Für das Gulaschgewürz den Knoblauch schälen, in Scheiben schneiden und mit Kümmel und Majoran fein hacken. Zitronenschale und Paprikapulver mit der Brühe glatt rühren. Die Gulaschsuppe mit der Gewürzmischung und der Zitronen-Paprika-Mischung würzen, weitere 5 Minuten ziehen lassen.

6 Das Lorbeerblatt aus der Gulaschsuppe entfernen. Die Suppe mit Salz und Pfeffer abschmecken, in tiefen Tellern oder Schälchen anrichten und mit je 1 TL saurer Sahne garniert servieren.

Hühnersuppe
mit Spinat

➤ Spezialität aus Griechenland

ZUTATEN FÜR 4 PERSONEN

1 l Hühnerbrühe und
400 g Hühnerfleisch
(nach Grundrezept, siehe Band
»Basics & Küchentechniken«, S. 82)
2 Knoblauchzehen
1 Zweig Thymian
80 g Langkornreis
2 Lorbeerblätter
100 g Blattspinat
2 Zitronen (davon 1 unbehandelt)
1 Bund Petersilie
Salz · Pfeffer aus der Mühle

ZUBEREITUNG

1 Die Brühe erhitzen. Das Hühnerfleisch in mundgerechte Stücke schneiden oder zupfen. Den Knoblauch schälen und in Scheiben schneiden. Den Thymian waschen und trocken tupfen.

2 Den Reis in einem Sieb kalt abbrausen, abtropfen lassen und in die Brühe geben. Thymian, Knoblauch und die Lorbeerblätter hinzufügen. Bei schwacher Hitze 30 Minuten köcheln lassen.

3 Den Spinat verlesen, waschen und trocken schleudern. Die Stiele entfernen und die Blätter in Streifen schneiden. Das Fleisch und den Spinat in die Suppe geben und erhitzen.

4 Die unbehandelte Zitrone heiß waschen, trocken reiben und in Scheiben schneiden. Die zweite Zitrone auspressen, den Saft und die Zitronenscheiben in die Suppe geben, die Kräuter entfernen.

5 Die Petersilie waschen und trocken schütteln, die Blätter abzupfen und in Streifen schneiden. Die Suppe mit Salz und Pfeffer abschmecken. Auf tiefe Teller oder Schälchen verteilen und mit der Petersilie garniert servieren. Dazu passt in Streifen geschnittenes, frisch aufgebackenes Fladenbrot.

Kürbissuppe
mit Chili und Putenbrust

➤ würzige Cross-Over-Küche

ZUTATEN FÜR 4 PERSONEN

1 mittelgroße Zwiebel
2 rote Chilischoten
ca. 300 g Kürbis (z. B. Hokkaido- oder Muskatkürbis)
400 g Putenbrustfilet · 1 EL Öl
1–2 EL grüne Currypaste
2 TL gemahlene Kurkuma
400 g Buttermilch
2 EL Fischsauce
2 EL Limettensaft
2 TL brauner Zucker
einige Thai-Basilikumblätter

ZUBEREITUNG

1 Die Zwiebel schälen, die Chilischoten längs halbieren, entkernen und waschen. Beides in kleine Würfel schneiden. Den Kürbis schälen und in Würfel schneiden. Das Putenbrustfilet waschen, trocken tupfen und in mundgerechte Stücke schneiden.

2 Das Öl in einem großen Wok erhitzen. Zwiebel- und Chiliwürfel, Currypaste und Kurkuma darin bei mittlerer Hitze unter Rühren 3 Minuten dünsten. ¼ l Wasser und die Buttermilch dazugeben, aufkochen, die Hitze reduzieren und offen etwa 5 Minuten köcheln lassen.

3 Die Kürbiswürfel hinzufügen und 6 Minuten garen. Dann das Putenfleisch dazugeben und unter gelegentlichem Rühren weitere 8 Minuten köcheln.

4 Die Suppe mit Fischsauce, Limettensaft und Zucker abschmecken. Das Basilikum waschen und trocken tupfen. Die Suppe auf tiefe Teller verteilen und mit dem Basilikum garniert servieren.

Zitronengrassuppe
mit Hähnchen und Pilzen

➤ mit thailändischen Aromen

ZUTATEN FÜR 4 PERSONEN

25 g getrocknete Mu-Err-Pilze
2 Stängel Zitronengras · 25 g Galgant
15 g Ingwer · ½ rote Chilischote
2 Kaffir-Limettenblätter
700 ml Hühnerbrühe
200 g Hähnchenbrustfilet
60 g braune Champignons (Egerlinge)
80 g Shiitakepilze · 1–2 EL Zitronensaft
1–2 EL Fischsauce
Salz · Pfeffer aus der Mühle

ZUBEREITUNG

1 Die Mu-Err-Pilze in einer Schüssel mit warmem Wasser übergießen und 30 Minuten einweichen.

2 Vom Zitronengras die äußeren Blätter und die obere, trockene Hälfte entfernen, das Helle in feine Ringe schneiden. Den Galgant und den Ingwer schälen und in feine Scheiben schneiden. Die Chilischote putzen, waschen und in feine Ringe schneiden. Die Limettenblätter waschen und in feine Streifen schneiden.

3 Die Brühe aufkochen, das Zitronengras, die Galgant- und Ingwerscheiben, die Chiliringe und die Limettenblätter hinzufügen und etwa 12 Minuten köcheln lassen.

4 Das Hähnchenbrustfilet waschen und mit Küchenpapier trocken tupfen. In der Brühe etwa 5 Minuten ziehen lassen. Das Fleisch herausnehmen und quer in Streifen schneiden.

5 Die Mu-Err-Pilze in ein Sieb abgießen und abtropfen lassen. Die frischen Pilze putzen, dabei von den Shiitakepilzen die Stiele entfernen und die Hüte trocken abreiben. Alle Pilze in Scheiben schneiden, mit dem Hähnchenfleisch in die Brühe geben und etwa 4 Minuten ziehen lassen.

6 Die Zitronengrassuppe mit Zitronensaft, Fischsauce, Salz und Pfeffer abschmecken und auf Schälchen verteilen. Nach Belieben mit Koriander und Zitronengrasstreifen garniert servieren.

TIPP

Die in Europa eher ungewöhnliche Kombination von Meeresfrüchten und Fleisch ist in Asien sehr beliebt. Fans des maritimen Genusses und Asienexperten können zusätzlich küchenfertige, gewaschene und geschälte Garnelen oder in feine Ringe geschnittene Tintenfischtuben in der Suppe gar ziehen lassen.

Reisnudelsuppe

mit Rindfleisch und Gemüse

➤ **Schnelles aus China**

ZUTATEN FÜR 4 PERSONEN

400 g flache Reisnudeln · Salz
160 g Sojabohnensprossen
je 1 Stiel Thai-Basilikum,
Koriander und Petersilie
2 rote Chilischoten
200 g Rinderfilet
1 l Rinderbrühe
4 EL Hoisin-Sauce
Pfeffer aus der Mühle
4 unbehandelte Limetten

ZUBEREITUNG

1 Die Nudeln mit warmem Wasser übergießen und etwa 10 Minuten quellen lassen. Abgießen und nach Packungsanweisung in reichlich kochendem Salzwasser bissfest garen. In ein Sieb abgießen, kalt abschrecken und abtropfen lassen.

2 Die Sojabohnensprossen in einem Sieb überbrühen und abtropfen lassen. Die Kräuter waschen, trocken schütteln und die Blätter abzupfen.

3 Die Chilischoten längs halbieren, entkernen, waschen und in feine Würfel schneiden. Das Rinderfilet in dünne Streifen schneiden.

4 Die Brühe in einem Topf aufkochen. Die Hoisin-Sauce dazugeben und mit Salz und Pfeffer würzen. Die Limetten halbieren.

5 Die Kräutermischung, die Reisnudeln und die Rinderfiletscheiben auf Schälchen verteilen und mit der kochend heißen Brühe auffüllen. Jedes Schälchen mit dem Saft von 1/2 Limette beträufeln. Die Reisnudelsuppe mit den restlichen Limettenhälften garnieren und servieren.

Paniertes Schnitzel

mit Champignonfüllung

➤ knuspriges Überraschungspaket

ZUTATEN FÜR 4 PERSONEN

Für die Füllung:

180 g Champignons
2 Schalotten
80 g gekochter Schinken · 1 EL Butter
1 EL gehackte Petersilie
Salz · Pfeffer aus der Mühle

Für die Schnitzel:

4 Schweineschnitzel (à ca.150 g)
Öl für die Folie
Salz · Pfeffer aus der Mühle
2 Eier · 100 g Mehl
100 g Paniermehl · 100 ml Öl

ZUBEREITUNG

1 Für die Füllung die Champignons putzen und klein schneiden. Die Schalotten schälen und wie den Schinken in sehr kleine Würfel schneiden.

2 Die Butter in einer Pfanne erhitzen. Die Champignons, die Schalotten- und die Schinkenwürfel darin bei mittlerer Hitze 1 bis 2 Minuten anbraten. Die Petersilie untermischen, mit Salz und Pfeffer würzen und die Mischung aus der Pfanne nehmen.

3 Für die Schnitzel die Schweineschnitzel mit einem scharfen Messer längs waagerecht so tief einschneiden, dass die einzelnen Fleischscheiben an den Enden noch zusammenhalten. Die Fleischscheiben aufklappen und zwischen zwei Lagen geölter Frischhaltefolie flach klopfen.

4 Das Fleisch mit Salz und Pfeffer würzen. Jeweils etwas Schinken-Pilz-Mischung in die Mitte einer Schnitzelhälfte verteilen, sodass der Rand frei bleibt. Die freie Hälfte jeweils darüberklappen und die Enden fest zusammendrücken oder schräg mit kleinen Holzspießen zusammenstecken.

5 Die Eier in einem tiefen Teller verquirlen und mit Salz und Pfeffer würzen. Die Schnitzel zuerst im Mehl wenden, dann vorsichtig durch die verquirlten Eier ziehen, zuletzt im Paniermehl wenden. Das Öl in einer Pfanne erhitzen und die Schnitzel darin bei mittlerer Hitze auf beiden Seiten langsam hellbraun braten. Auf Küchenpapier abtropfen lassen und auf Tellern anrichten.

Meerrettich-Schnitzel

mit Roter Bete

➤ mit extra würziger Panade

ZUTATEN FÜR 4 PERSONEN

800 g Rote Beten
50 g Meerrettichwurzel
100 g saure Sahne
100 g Crème fraîche
2 TL Zitronensaft
Salz · Pfeffer aus der Mühle
1 kleines Bund Schnittlauch
2 EL Weißweinessig · 2 Eier
2 TL Sahnemeerrettich (aus dem Glas)
Öl für die Folie
4 Schweineschnitzel (à 150 g)
100 g Mehl · 100 g Paniermehl
3–4 EL Butterschmalz · 1 Zitrone

ZUBEREITUNG

1 Die Roten Beten waschen, in einem Topf knapp mit Wasser bedecken und 40 bis 50 Minuten gar kochen. Mit einem Messer testen, ob die Knollen gar sind. Falls nötig, weitere 10 Minuten kochen. Abgießen und abkühlen lassen.

2 Den Meerrettich schälen und die Hälfte davon reiben. Die saure Sahne und die Crème fraîche verrühren. 1 bis 2 EL frisch geriebenen Meerrettich und den Zitronensaft unterrühren und die Creme mit Salz und Pfeffer abschmecken.

3 Den Schnittlauch waschen, trocken schütteln und in feine Röllchen schneiden. Die Hälfte davon unter die Meerrettichcreme rühren. Die Roten Beten schälen (am besten mit Einweghandschuhen, denn die Knollen färben ab) und in dünne Scheiben schneiden. Mit Essig beträufeln und mit Salz und Pfeffer würzen.

4 Die Eier verquirlen und den Sahnemeerrettich unterrühren. Die Schnitzel zwischen zwei Lagen geölter Frischhaltefolie mit einem großen Messer vorsichtig flach klopfen. Mit Salz und Pfeffer würzen.

5 Die Schnitzel zuerst im Mehl wenden, dann vorsichtig durch die verquirlten Eier ziehen, zuletzt im Paniermehl wenden. Butterschmalz in einer großen Pfanne erhitzen und die Schnitzel darin portionsweise auf beiden Seiten goldbraun braten. Auf Küchenpapier abtropfen lassen.

6 Die Zitrone heiß waschen, trocken reiben, längs halbieren und quer in Scheiben schneiden. Die Rote-Bete-Scheiben mit den Schnitzeln auf Tellern anrichten. Je 1 bis 2 EL Meerrettichcreme auf die Roten Beten geben und mit dem restlichen Schnittlauch bestreuen. Etwas Meerrettich frisch über die Schnitzel reiben und mit den Zitronenscheiben servieren. Dazu passen frittierte Kartoffelscheiben.

TIPP

Rote Bete und Meerrettich harmonieren perfekt. Wer Rote Bete nicht mag, kann stattdessen Möhren dazu servieren. Dafür 600 g Möhren putzen, schälen, schräg in Scheiben schneiden und mit 2 EL Butter in einer Pfanne weich dünsten. Mit Salz, Pfeffer und etwas Zitronensaft abschmecken.

Minutensteak

mit Zucchinigemüse

➤ blitzschnell zubereitet

ZUTATEN FÜR 4 PERSONEN

1 Knoblauchzehe
5 kleine Zucchini · 2 EL Butter
Salz · Pfeffer aus der Mühle
100 ml Gemüsebrühe
100 g Sahne
1 EL Butterschmalz
4 Minutensteaks
(vom Schwein; à ca. 120 g)
Paprikapulver (edelsüß)

ZUBEREITUNG

1 Die Knoblauchzehe schälen und in dünne Scheiben schneiden. Die Zucchini putzen, waschen und ebenfalls in dünne Scheiben schneiden.

2 Die Butter in einer Pfanne erhitzen, die Zucchinischeiben darin unter gelegentlichem Rühren 3 bis 4 Minuten anbraten. Mit Salz und Pfeffer würzen.

3 Die Hitze reduzieren, die Brühe und die Sahne angießen und den Knoblauch hinzufügen. Die Zucchini zugedeckt kurz köcheln lassen, bis sie gerade weich sind.

4 Butterschmalz in einer zweiten Pfanne erhitzen, die Steaks darin auf beiden Seiten je 2 bis 3 Minuten braten. Mit Salz und Pfeffer und Paprikapulver würzen. Das Zucchinigemüse mit den Steaks auf Tellern anrichten und nach Belieben mit Schnittlauch garnieren. Dazu passt Kartoffelpüree oder Ciabattabrot.

TIPP

Das Fleisch erhält ein mediterranes Aroma, wenn Sie frische Kräuter mit anbraten. Dafür eignen sich besonders Thymian- und Rosmarinzweige.

Schweinesteak
mit Guacamole und Kartoffelsticks

➤ Schlemmen wie im Steakhaus

ZUTATEN FÜR 4 PERSONEN

Für die Guacamole:

1 große, reife Avocado
2 EL Limettensaft
2 EL Crème fraîche
1 Knoblauchzehe
1 Tomate · 1 Frühlingszwiebel
Salz · Pfeffer aus der Mühle
Cayennepfeffer

Für die Kartoffelsticks:

750 g festkochende Kartoffeln
2 EL Öl · 1 TL Chilipulver
1 EL Meersalz
Pfeffer aus der Mühle

Für die Schweinesteaks:

4 TL Meersalz
4 TL Paprikapulver
1 getrocknete rote Chilischote
1 TL Knoblauchpulver
8 schwarze Pfefferkörner
je 2 TL getrockneter Oregano
und Thymian
½ TL gemahlener Kreuzkümmel
4 Schweinenackensteaks (à ca. 180 g)

ZUBEREITUNG

1 Für die Guacamole die Avocado halbieren und entkernen. Das Fruchtfleisch herauslösen, mit dem Limettensaft beträufeln, Crème fraîche dazugeben und alles mit einer Gabel zerdrücken.

2 Den Knoblauch schälen und dazupressen. Die Tomate überbrühen, häuten, vierteln, entkernen und das Fruchtfleisch in kleine Würfel schneiden. Die Frühlingszwiebel putzen, waschen und in Ringe schneiden. Beides mit dem Avocadopüree mischen und mit Salz, Pfeffer und Cayennepfeffer würzen.

3 Den Grill anheizen. Für die Kartoffelsticks die Kartoffeln mit Schale waschen und achteln. Öl, Chilipulver, Meersalz und Pfeffer verrühren, mit den Kartoffeln mischen. Die Kartoffeln auf Alufolie grillen, bis sie goldbraun sind, dabei einmal wenden.

4 Für die Schweinesteaks alle Gewürze im Mörser zermahlen. Die Steaks mit der Gewürzmischung einreiben, auf den Grill legen und auf beiden Seiten je 6 bis 7 Minuten grillen. Mit den Kartoffeln und der Guacamole servieren.

TIPP

Zum »Verschärfen« der Guacamole eine kleine rote Chilischote längs halbieren, putzen, waschen, fein hacken und unter die Guacamole rühren.

Kotelett
mit Senfglasur und Brokkoli

➤ Genuss auf gutbürgerliche Art

ZUTATEN FÜR 2 PERSONEN

300 g Brokkoliröschen · Salz
1 rote Paprikaschote
2 Schweinekoteletts (à 200–250 g)
Pfeffer aus der Mühle
2 EL mittelscharfer Senf
1 EL Butterschmalz
1 EL Butter

ZUBEREITUNG

1 Die Brokkoliröschen in kochendem Salzwasser 4 Minuten garen, kalt abschrecken und abtropfen lassen. Die Paprika längs halbieren, entkernen, waschen und in Streifen schneiden.

2 Die Koteletts mit Salz und Pfeffer würzen und mit Senf bestreichen. Das Butterschmalz in einer Pfanne erhitzen und die Koteletts darin auf beiden Seiten je 4 bis 5 Minuten braten.

3 In einer zweiten Pfanne die Butter erhitzen und die Paprika darin bei mittlerer Hitze etwa 6 Minuten dünsten. Mit Salz und Pfeffer würzen. Den Brokkoli dazugeben, in der Butter schwenken und erhitzen.

4 Die Schweinekoteletts mit dem Gemüse auf Tellern anrichten. Dazu passen Bratkartoffeln, Kartoffelsalat oder Kartoffelpüree.

Spareribs
mit Barbecuesauce

➤ für Tex-Mex-Fans

ZUTATEN FÜR 4 PERSONEN

Für die Spareribs:

2 kg magere Schweinerippchen (vom Metzger in Stücke von 3 bis 4 Rippchen teilen lassen)
1 Zwiebel
2 Knoblauchzehen
1 Bund gemischte Kräuter
1/8 l Öl · 1 TL scharfer Senf
1 EL Sojasauce
Worcestersauce
Salz · Pfeffer aus der Mühle

Für die Barbecuesauce:

1 mittelgroße Zwiebel
1 Knoblauchzehe
120 g brauner Zucker
150 g passierte Tomaten (aus dem Tetrapak)
1–2 EL Rotweinessig
Worcestersauce
2–3 TL Senfpulver
Salz · Pfeffer aus der Mühle

ZUBEREITUNG

1 Für die Spareribs die Schweinerippchen in kochendem Wasser 20 bis 30 Minuten vorgaren. Die Rippchen herausnehmen und trocken tupfen.

2 Die Zwiebel und den Knoblauch schälen und in feine Würfel schneiden. Die Kräuter waschen, trocken schütteln, die Blätter abzupfen und fein hacken. Die Zwiebel- und Knoblauchwürfel und die Kräuter mit den restlichen Zutaten zu einer Marinade verrühren. Die Spareribs 2 Stunden in der Marinade ziehen lassen.

3 Inzwischen für die Barbecuesauce die Zwiebel und den Knoblauch schälen und in feine Würfel schneiden. Mit den restlichen Zutaten in einem kleinen Topf verrühren, bei schwacher Hitze unter gelegentlichem Rühren 15 Minuten köcheln lassen und mit Salz und Pfeffer abschmecken.

4 Den Grill anheizen. Die Rippchen auf dem Grill auf beiden Seiten je 8 bis 10 Minuten garen, dabei immer wieder mit der Marinade bestreichen. Die Sauce warm oder kalt zu den Spareribs servieren.

Schweinefilet
auf scharfem Wirsing

➤ deutscher Klassiker mit Exotik-Touch

ZUTATEN FÜR 4 PERSONEN

600 g Wirsing · Salz
2 rote Chilischoten
1 unbehandelte Limette
1 Knoblauchzehe
800 g Schweinefilet
Pfeffer aus der Mühle
2 EL Butterschmalz · 2 EL Öl

ZUBEREITUNG

1 Den Wirsing putzen, waschen, vierteln, den Strunk herausschneiden und die Viertel quer in Streifen schneiden. Reichlich Salzwasser aufkochen und die Wirsingstreifen darin etwa 3 Minuten blanchieren. In ein Sieb abgießen, kalt abschrecken und abtropfen lassen.

2 Die Chilischoten putzen, waschen und in Ringe schneiden. Die Limette heiß waschen, trocken reiben und dünn schälen. Die Limettenschale in sehr feine Streifen schneiden, die Limette auspressen. Den Knoblauch schälen.

3 Den Backofen auf 200 °C vorheizen. Das Schweinefilet mit Salz und Pfeffer würzen. Butterschmalz in einem Bräter erhitzen und das Filet darin rundum anbraten. Den Knoblauch dazupressen und kurz mitbraten.

4 Das Fleisch aus dem Bräter nehmen, den Wirsing und die Chiliringe hineingeben, mit Limettensaft und Öl beträufeln und mit Salz würzen. Das Fleisch auf den Wirsing legen und im Ofen auf der mittleren Schiene etwa 20 Minuten garen.

5 Das Filet in Scheiben schneiden und mit dem Wirsing auf Tellern anrichten. Mit den Limettenschalenstreifen bestreut servieren.

TIPP

Wer es nicht so scharf mag, dem Wirsing aber trotzdem eine exotische Note geben möchte, ersetzt die Chilischoten durch 30 g Ingwer. Diesen schälen, in feine Würfel schneiden und wie die Chilis im Rezept verwenden.

Schweinefilet
mit Rösti

➤ **Feines aus der Alpenküche**

ZUTATEN FÜR 4 PERSONEN

750 g mehlig kochende Kartoffeln
1 Ei · Salz · Pfeffer aus der Mühle
4–5 EL Butterschmalz
6 Frühlingszwiebeln
800 g Schweinefilet · 2 EL Öl
200 g Sahne · 150 ml Gemüsebrühe
50 g Crème fraîche
2 EL Sherry (medium)
1 TL Dijon-Senf

ZUBEREITUNG

1 Den Backofen auf 75 °C vorheizen. Die Kartoffeln schälen, waschen, auf der Gemüsereibe grob reiben und mit den Händen etwas ausdrücken. In einer Schüssel mit dem Ei mischen und die Masse mit Salz und Pfeffer würzen.

2 In einer Pfanne 1 EL Butterschmalz erhitzen, 3 EL Kartoffelmasse hineingeben, flach streichen und 4 Minuten braten. Die Rösti wenden, 1/2 EL Butterschmalz dazugeben und weitere 4 Minuten braten. Aus der restlichen Masse 3 weitere Rösti braten. Die gebratenen Rösti auf Küchenpapier abtropfen lassen und im Ofen warm halten.

3 Die Frühlingszwiebeln putzen, waschen und in feine Ringe schneiden. 2 EL grüne Zwiebelringe für die Deko beiseitelegen. Das Schweinefilet in 2 bis 3 cm dicke Scheiben (Medaillons) schneiden.

4 Das Öl in einer Pfanne erhitzen, die Schweinemedaillons darin bei starker Hitze auf beiden Seiten anbraten und herausnehmen. Die Frühlingszwiebelringe ins verbliebene Bratfett geben und darin andünsten. Sahne, Brühe, Crème fraîche, Sherry und den Senf dazugeben, alles kurz aufkochen lassen.

5 Die Medaillons in die Sauce geben und 5 Minuten köcheln lassen, mit Salz und Pfeffer würzen. Die Schweinemedaillons mit Rösti und Sauce servieren. Mit den beiseitegelegten Frühlingszwiebelringen garnieren und nach Belieben mit grob gemahlenem buntem Pfeffer bestreuen.

TIPP

Für besondere Anlässe können auch Medaillons vom Kalb oder Wildschwein auf die gleiche Art zubereitet werden.

Medaillonspieße
mit Tomaten-Papaya-Gemüse

➤ Gaumenkitzel und Augenschmaus

ZUTATEN FÜR 2 PERSONEN

4 Strudelteigblätter (tiefgekühlt)
½ kleine reife Papaya · 2 Tomaten
Salz · Pfeffer aus der Mühle
2 EL flüssige Butter
1 Eigelb · 1 Schuss Weißwein
1 EL flüssiger Honig
1 TL getrockneter Thymian
1 TL helle Sesamsamen
4 Schweinemedaillons (à 70 g)
4 Zimtstangen · 1 EL Öl · 1 EL Butter

ZUBEREITUNG

1 Die Strudelteigblätter nebeneinanderliegend auftauen lassen. Die Papaya schälen, die Kerne mit einem Löffel entfernen und das Fruchtfleisch grob raspeln. Die Tomaten waschen, vierteln und entkernen, dabei die Stielansätze entfernen. Das Fruchtfleisch in kleine Würfel schneiden.

2 Den Backofen auf 170 °C vorheizen. Die Tomaten leicht mit Salz würzen, mit den Papayaraspeln mischen und kräftig mit Pfeffer würzen. Zwei kleine ofenfeste Schälchen zu zwei Dritteln mit der Tomaten-Papaya-Masse füllen.

3 Zwei Teigblätter mit etwas Butter bestreichen und die beiden anderen Blätter darauflegen. Aus den Teigblättern runde Deckel für die Schälchen schneiden, sie sollten etwa 1 cm über den Rand stehen. Die Teigränder mit verquirltem Eigelb bestreichen. Die Teigdeckel mit der bestrichenen Seite nach unten auf die Schälchen legen, die Ränder nach unten klappen und andrücken. Die Teigoberseite mit der restlichen Butter bestreichen. Im Ofen auf der mittleren Schiene etwa 12 Minuten goldbraun backen.

4 Den Wein mit Honig, Thymian und Sesamsamen einmal aufkochen und sämig einkochen lassen.

5 Den Grill anheizen. Die Schweinemedaillons mit Salz und Pfeffer würzen und durch jedes Medaillon in der Mitte eine Zimtstange stecken. Die Spieße mit Öl bestreichen und in einer Alu-Grillschale auf dem Grill auf beiden Seiten grillen. Die Butter in Flöckchen auf die Medaillons verteilen und das Fleisch etwa 3 Minuten weitergrillen. Dabei immer wieder die Butter über das Fleisch träufeln und darauf achten, dass die Butter nicht verbrennt. Die Medaillons auf Küchenpapier abtropfen lassen.

6 Die fertigen Medaillons mit der Sesam-Honig-Mischung beträufeln und das Tomaten-Papaya-Gemüse im Glas dazu servieren. Nach Belieben geröstete Baguette-Scheiben dazu reichen.

Curry-Kalbsfilet
mit Tomatenjoghurt

➤ Sommergericht mit indischer Würze

ZUTATEN FÜR 4 PERSONEN

300 g Tomaten
2 kleine rote Zwiebeln
1 Bund Petersilie
400 g fettarmer Joghurt
Salz · Pfeffer aus der Mühle
2 TL gemahlener Koriander
2 EL Zitronensaft
400 g Kalbsfilet
2 EL Butterschmalz
3 EL Butter
2 TL Currypulver

ZUBEREITUNG

1 Die Tomaten waschen, vierteln und entkernen, dabei die Stielansätze entfernen. Das Fruchtfleisch in kleine Würfel schneiden. Die Zwiebeln schälen

und in feine Würfel schneiden. Die Petersilie waschen und trocken schütteln, die Blätter abzupfen und fein hacken.

2 Den Joghurt in einer Schüssel glatt rühren. Die Tomaten- und die Zwiebelwürfel sowie die Hälfte der gehackten Petersilie unterrühren und mit Salz, Pfeffer, Koriander und Zitronensaft würzen. Den Joghurt zugedeckt kühl stellen.

3 Den Backofen auf 120 °C vorheizen. Das Kalbsfilet mit Salz und Pfeffer einreiben. Butterschmalz in einer Pfanne erhitzen. Das Filet darin rundum scharf anbraten, in eine ofenfeste Form geben. Die Butter in der Pfanne zerlassen und das Currypulver unterrühren. Das Filet mit der Hälfte der Currybutter beträufeln, im Ofen auf der mittleren Schiene 20 bis 25 Minuten rosa garen.

4 Das Fleisch aus dem Ofen nehmen und in Scheiben schneiden. Mit Salz und Pfeffer würzen. Das Fleisch mit dem Tomatenjoghurt auf Tellern anrichten, mit der restlichen Currybutter beträufeln und mit Petersilie bestreuen. Dazu passt Baguette, aber auch Basmatireis oder Bulgur.

TIPP

Besonders edel sind Kalbsmedaillons aus dem Filet. Eine nicht ganz so teure, aber ebenso zarte Alternative sind Scheiben aus der Kalbslende.

Kalbslendchen
mit Rucolakruste

➤ **schneller Italientrip für den Gaumen**

ZUTATEN FÜR 4 PERSONEN

1 Zweig Thymian · 1 Knoblauchzehe
4 Kalbslendchen (à 150 g)
Salz · Pfeffer aus der Mühle
4 EL Olivenöl · 2 EL Aceto balsamico
1 Bund Rucola
80 g junger Parmesan (am Stück)
6 Tomaten · 12 Radieschen
Meersalz

ZUBEREITUNG

1 Den Thymian waschen und trocken tupfen. Den Knoblauch ungeschält andrücken. Die Kalbslendchen mit Salz und Pfeffer würzen.

2 In einer Pfanne 3 EL Olivenöl erhitzen. Die Kalbslendchen darin auf beiden Seiten kräftig anbraten. Die Hitze reduzieren, den Knoblauch und den Thymian dazugeben. Die Kalbslendchen bei schwacher Hitze rosa braten, in eine ofenfeste Schale legen und kurz ruhen lassen.

3 Den Knoblauch und den Thymian aus der Pfanne nehmen und den Bratensaft mit dem Essig ablöschen, das restliche Öl dazugeben und verrühren.

4 Den Backofengrill einschalten. Den Rucola verlesen, waschen und trocken schütteln, grobe Stiele entfernen. Den Parmesan in 8 dünne Scheiben schneiden. Die Lendchen mit der Hälfte des Rucolas belegen und mit den Parmesanscheiben bedecken. Im Ofen auf der mittleren Schiene kurz überbacken, bis der Parmesan zerlaufen, der Rucola aber noch knackig ist.

5 Die Tomaten waschen, in Scheiben schneiden, die Radieschen putzen, waschen und in Stifte schneiden. Auf Teller verteilen und mit der Marinade beträufeln. Die Kalbslendchen darauf anrichten, mit dem restlichen Rucola garnieren und mit etwas Meersalz bestreut servieren.

TIPP

Wer etwas cremigeren Käse bevorzugt, kann auch Taleggio oder Gruyère verwenden. Eine sehr würzige Alternative sind zudem Blauschimmelkäse wie Gorgonzola, Roquefort oder der englische Stilton.

Saltimbocca
alla romana

➤ kulinarische Grüße aus Rom

ZUTATEN FÜR 4 PERSONEN

8 kleine hauchdünne Kalbsschnitzel
Öl für die Folie
8 Scheiben roher Schinken
8 große Salbeiblätter
Salz · weißer Pfeffer aus der Mühle
4 EL Butter · 75 ml trockener Weißwein

ZUBEREITUNG

1 Die Kalbsschnitzel zwischen zwei Lagen geölter Frischhaltefolie mit der glatten Seite des Fleischklopfers oder einem Pfannenboden flach klopfen.

2 Auf jedes Schnitzel 1 Scheibe Schinken und 1 Salbeiblatt legen und jeweils mit einem kleinen Holzspieß feststecken. Die Schnitzel wenden und auf der anderen Seite mit Salz und Pfeffer würzen.

3 Die Butter in einer großen oder zwei kleinen Pfannen erhitzen. Die Kalbsschnitzel mit der Schinkenseite nach unten in die Pfanne geben und 2 Minuten braten. Dann wenden und auf der zweiten Seite noch einmal ½ bis 1 Minute braten.

4 Die Schnitzel herausnehmen und auf einer vorgewärmten Platte warm halten. Den Bratfond mit dem Wein ablöschen, kurz aufkochen lassen und über die Schnitzel gießen. Servieren Sie dazu nach Belieben geröstetes Knoblauchbrot, Linguine, Risotto oder Bratkartoffeln mit Salbei.

TIPP

Auch kleine Schweine- und Putenschnitzel oder sogar Seeteufelfilet können Sie auf diese Art zubereiten. Statt mit Weißwein kann der Bratfond nach Belieben auch mit Marsala, einem italienischen Dessertwein, oder Zitronensaft verfeinert werden.

Kalbsleber
mit Äpfeln und Zwiebeln

➤ genießen nach Berliner Art

ZUTATEN FÜR 4 PERSONEN

500–600 g Kalbsleber (in Scheiben)
Pfeffer aus der Mühle
2 EL Mehl
2 säuerliche Äpfel (z.B. Boskop)
1 EL Zitronensaft
4 Zwiebeln
4 EL Butter · Salz

ZUBEREITUNG

1 Häutchen und Sehnen von der Leber entfernen. Die Leber waschen, trocken tupfen, mit Pfeffer würzen und im Mehl wenden.

2 Die Äpfel nach Belieben schälen und die Kerngehäuse ausstechen. Die Äpfel in dünne Scheiben schneiden und mit Zitronensaft beträufeln, damit sie nicht braun werden. Die Zwiebeln schälen und in Ringe schneiden.

3 Den Backofen auf 75 °C vorheizen. 2 EL Butter in einer Pfanne erhitzen, die Leber darin auf beiden Seiten je etwa 3 Minuten braten und herausnehmen. Mit Salz würzen und im Ofen warm halten.

4 Die restliche Butter in die Pfanne geben, die Apfelscheiben darin auf beiden Seiten goldgelb braten und herausnehmen. Die Zwiebelringe in der Butter goldbraun braten. Die Leber mit Zwiebeln und Apfelscheiben servieren. Dazu passt Kartoffelpüree.

TIPP

Leber ist reich an den Vitaminen A, B, C und D. Zur Schonung dieser wertvollen Inhaltsstoffe und um zu vermeiden, dass die Leber trocken und zäh wird, sollte sie immer nur kurz gegart werden.

Wiener Schnitzel
mit Kartoffelsalat

➤ Österreichs Exportschlager

ZUTATEN FÜR 4 PERSONEN

Für den Kartoffelsalat:
800 g festkochende Kartoffeln
Salz · 2 Zwiebeln
200 ml Rinderbrühe
60 ml Weißweinessig
Pfeffer aus der Mühle · Zucker
1 Bund Schnittlauch · 3 EL Öl
Für die Wiener Schnitzel:
2 Eier · 1 EL Sahne
100 g Mehl · 150–200 g Paniermehl
8 kleine Kalbsschnitzel (à 80–100 g)
Öl für die Folie
Salz · Pfeffer aus der Mühle
150–200 g Butterschmalz
1 unbehandelte Zitrone

ZUBEREITUNG

1 Für den Kartoffelsalat die Kartoffeln in Salzwasser garen. Abgießen, leicht ausdampfen lassen, pellen und in Scheiben schneiden.

2 Die Zwiebeln schälen und in feine Würfel schneiden. Die Brühe mit dem Essig erhitzen und mit Salz, Pfeffer und Zucker würzen. Die Zwiebelwürfel dazugeben und kurz ziehen lassen. Die Marinade mit den Kartoffeln vorsichtig in einer Schüssel mischen und 20 Minuten durchziehen lassen.

3 Für die Schnitzel die Eier mit der Sahne in einem tiefen Teller verquirlen. Mehl und Paniermehl ebenfalls auf tiefe Teller verteilen. Die Schnitzel zwischen zwei Lagen geölter Frischhaltefolie mit der flachen Seite des Fleischklopfers vorsichtig flach klopfen. Mit Salz und Pfeffer würzen, zunächst im Mehl wenden, dann vorsichtig durch die verquirlten Eier ziehen und zuletzt im Paniermehl wenden.

4 Butterschmalz in einer Pfanne erhitzen. Die Schnitzel darin portionsweise bei mittlerer Hitze goldgelb ausbacken. Wenden und weiter ausbacken, dabei die Pfanne leicht hin und her schwenken, sodass das Fett über die Schnitzel schwappt. Die Schnitzel ausbacken, bis sie auf beiden Seiten goldbraun sind, dabei gegebenenfalls nochmals wenden. Die Schnitzel auf Küchenpapier abtropfen lassen und zugedeckt warm halten.

5 Die Zitrone heiß waschen, trocken reiben und in Spalten schneiden. Für den Salat den Schnittlauch waschen, trocken schütteln und in feine Ringe schneiden. Mit dem Öl unter den Kartoffelsalat rühren und nochmals abschmecken. Mit den Wiener Schnitzeln und den Zitronenspalten servieren.

Rumpsteak
mit Pesto und Tomaten

➤ Feines vom Rind mit Kräuterkick

ZUTATEN FÜR 4 PERSONEN

2 Bund Basilikum
2 EL Pinienkerne
1 Knoblauchzehe
30 g Parmesan (am Stück)
100 ml Olivenöl
Salz · Pfeffer aus der Mühle
1–2 TL Zitronensaft
4 Rumpsteaks (à 200 g)
2 EL Butterschmalz
2 EL Weißweinessig
4 Tomaten · 2 rote Zwiebeln

ZUBEREITUNG

1 Das Basilikum waschen, trocken schütteln und die Blätter abzupfen. Die Pinienkerne in einer beschichteten Pfanne ohne Fett nur leicht anrösten. Den Knoblauch schälen und klein schneiden. Den Parmesan fein reiben.

2 Basilikum, Knoblauch, Pinienkerne und 2 EL Olivenöl im Blitzhacker fein pürieren. Den Parmesan und weitere 4 EL Olivenöl nach und nach dazugeben und alles zu einer glatten Paste verrühren. Mit Salz, Pfeffer und Zitronensaft abschmecken.

3 Die Rumpsteaks portionsweise im heißen Butterschmalz auf beiden Seiten je nach Vorliebe jeweils 3 bis 5 Minuten anbraten. Die Steaks mit Salz und Pfeffer würzen, in Alufolie wickeln und einige Minuten ruhen lassen.

4 Den Essig mit Salz und Pfeffer würzen, nach und nach das restliche Olivenöl unterschlagen. Die Tomaten waschen und in Scheiben schneiden, dabei die Stielansätze entfernen. Die Zwiebeln schälen und in feine Ringe schneiden. Tomaten und Zwiebeln auf Teller verteilen und mit der Vinaigrette beträufeln. Die Steaks darauf anrichten und mit je 1 EL Pesto garniert servieren.

Rindersteak
mit Pfefferbirne

➤ raffiniert kombiniert

ZUTATEN FÜR 4 PERSONEN

4 Birnen (z.B. Williams Christ)
¾ l trockener Weißwein
3 EL Honig
1 TL schwarze Pfefferkörner
2 Stangen Lauch · 2 EL Butter
Salz · Pfeffer aus der Mühle
2 TL getrockneter Thymian
4 EL Olivenöl
4 Rindersteaks (à 200 g)

ZUBEREITUNG

1 Die Birnen schälen. Wein, Honig und Pfefferkörner aufkochen, die Birnen dazugeben und zugedeckt 15 bis 20 Minuten ziehen lassen.

2 Den Lauch putzen, waschen und in etwa 1 cm breite Ringe schneiden. Die Lauchringe in der Butter andünsten. Etwa 100 ml Wasser angießen, mit Salz und Pfeffer würzen und zugedeckt etwa 6 Minuten köcheln lassen. Den Thymian unterrühren und den Topf vom Herd ziehen.

3 Zwei große Pfannen erhitzen, das Olivenöl hineingeben und die Steaks darin auf beiden Seiten je nach Vorliebe jeweils 3 bis 5 Minuten braten. Die Steaks mit Salz und Pfeffer würzen.

4 Die Birnen abtropfen lassen und fächerförmig aufschneiden. Den Lauch auf Teller verteilen. Die Steaks und die Birnen darauf anrichten und die Birnen mit grob gemahlenem Pfeffer bestreuen.

Rindersteak
mit Baked Potatoe

➤ Barbecue-Klassiker

ZUTATEN FÜR 4 PERSONEN

4 große, vorwiegend festkochende
Kartoffeln · Öl für die Folie
2 kleine Zucchini · 2 Möhren
1 Schalotte · 1 Stiel Dill
einige Halme Schnittlauch
200 g Sahnequark · 4 EL Milch
Salz · Pfeffer aus der Mühle
1 EL Olivenöl · 1 EL Limettensaft
frisch geriebene Muskatnuss
4 Rinderfiletsteaks (à ca. 180 g)

ZUBEREITUNG

1 Den Grill anheizen. Die Kartoffeln gründlich abbürsten, mit einer Gabel rundum einstechen. Vier Stücke Alufolie mit etwas Öl bestreichen und die Kartoffeln darin einwickeln. Etwa 50 Minuten auf dem Rost grillen, dabei mehrmals wenden, oder die Kartoffeln direkt in der Glut etwa 35 Minuten garen.

2 Die Zucchini putzen und waschen. Die Möhren und die Schalotte putzen bzw. schälen. Das Gemüse in feine Streifen schneiden. Die Kräuter waschen und trocken schütteln. Die Dillspitzen abzupfen und fein hacken, den Schnittlauch in feine Röllchen schneiden. Quark, Milch und Kräuter verrühren. Mit Salz und Pfeffer würzen.

3 Das Olivenöl in einer Pfanne erhitzen. Zucchini-, Möhren- und Schalottenstreifen darin bei mittlerer Hitze etwa 3 Minuten dünsten. Mit Limettensaft, Salz, Pfeffer und Muskatnuss würzen.

4 Die Steaks auf dem Grill auf beiden Seiten je nach Vorliebe jeweils 3 bis 5 Minuten garen. Mit Salz und Pfeffer würzen. Die Kartoffeln auswickeln, der Länge nach einschneiden, leicht aufklappen und den Quark hineinfüllen. Die Steaks mit den Kartoffeln und dem Gemüse servieren.

Rinderfilet
mit Pfeffersauce

➤ hot and spicy

ZUTATEN FÜR 2 PERSONEN

2 EL Olivenöl
2 Scheiben Rinderfilet
(à ca. 200 g)
Salz · Pfeffer aus der Mühle
2 EL Butter · 50 g Sahne
2 EL eingelegter grüner Pfeffer
1 EL mittelscharfer Senf
1 TL Worcestersauce

ZUBEREITUNG

1 Das Olivenöl in einer Pfanne erhitzen. Die Rinderfilets darin auf beiden Seiten je nach Vorliebe jeweils 2 bis 4 Minuten braten. Die Filets herausnehmen, mit Salz und Pfeffer würzen, in Alufolie wickeln und ruhen lassen.

2 Die Butter in der Pfanne zerlassen. Die Sahne und die abgetropften Pfefferkörner dazugeben und einmal aufschäumen lassen. Senf und Worcestersauce unterrühren und 2 bis 3 Minuten einkochen lassen. Die Sauce mit Salz und Pfeffer würzen.

3 Die Rinderfilets mit der Pfeffersauce auf Tellern anrichten. Dazu nach Belieben einen gemischten Blattsalat und geröstetes Weißbrot servieren.

Hackfleischspieße
mit Tomaten-Chili-Dip

➤ macht müde Gaumen munter

ZUTATEN FÜR 6 PERSONEN

Für die Hackfleischspieße:
10 g Ingwer
2 Zwiebeln
6 EL Öl
1 kg Rinderhackfleisch
2 TL Currypulver
2 Eigelb
Salz · Pfeffer aus der Mühle
Saft von 2 Limetten
Für den Chili-Tomaten-Dip:
450 g Tomaten
2 rote Chilischoten
4 Knoblauchzehen
Salz · Pfeffer aus der Mühle
2 TL Zucker

ZUBEREITUNG

1 Für die Hackfleischspieße etwa 20 bis 25 Holzspieße 30 Minuten in kaltem Wasser einweichen. Den Ingwer schälen und fein hacken. Die Zwiebeln schälen, in feine Würfel schneiden und in 2 EL Öl andünsten. Hackfleisch, Zwiebeln, Ingwer, Curry und Eigelbe mischen, mit Salz und Pfeffer würzen.

2 Den Grill anheizen. Die Masse mit den Händen zu kleinen, länglichen Nocken formen und auf die Spieße stecken oder diese damit ummanteln. Das Fleisch mit Öl bestreichen und auf dem Grill bei mittlerer Hitze 8 bis 10 Minuten garen. Mehrmals wenden und mit dem restlichen Öl bestreichen.

3 Für den Dip die Tomaten überbrühen, häuten, vierteln, entkernen und das Fruchtfleisch in kleine Würfel schneiden. Die Chilischoten längs halbieren, entkernen und waschen. Den Knoblauch schälen und beides in feine Würfel schneiden.

4 Die Tomatenwürfel mit Chili und Knoblauch aufkochen und 10 Minuten köcheln lassen. Nach Belieben pürieren, abkühlen lassen und mit Salz, Pfeffer und Zucker würzen. Die Hackfleischspieße mit Limettensaft beträufeln und mit dem Dip servieren. Dazu passt Fladenbrot oder Baguette.

Hamburger
mit Coleslaw

➤ Fast-Food-Ikone in der Slow-Version

ZUTATEN FÜR 4 PERSONEN

Für den Coleslaw:
½ kleiner Kopf Weißkohl (ca. 400 g)
1 Stange Lauch · 100 g Möhren
Salz · 1 grüne Peperoni
4 EL Salatmayonnaise
70 ml Orangensaft · 2 EL Apfelessig
Pfeffer aus der Mühle
Für die Hamburger:
1 Zwiebel · 500 g Rinderhackfleisch
2 TL Senf · ¼ TL Chilipulver
Salz · Pfeffer aus der Mühle
4 Hamburger-Brötchen
2 rote Zwiebeln · 2 EL Öl
4 Salatblätter · 2 Tomaten
80 g Salatgurke · 3–4 EL Mayonnaise

ZUBEREITUNG

1 Für den Coleslaw vom Weißkohl die äußeren Blätter entfernen. Den Kohl putzen, waschen, den harten Strunk entfernen und die Blätter in feine Streifen schneiden oder hobeln. Den Lauch putzen, waschen und längs in feine Streifen schneiden. Die Möhren putzen, schälen und grob raspeln.

2 Kohl und Lauch in kochendem Salzwasser kurz blanchieren und abtropfen lassen. Kohl, Lauch und Möhren mischen. Die Peperoni längs halbieren, entkernen, waschen und in feine Würfel schneiden. Mayonnaise und Orangensaft verrühren. Peperoni und Essig hinzufügen, mit Salz und Pfeffer würzen. Salat und Marinade mischen und ziehen lassen.

3 Den Grill anheizen. Für die Hamburger die Zwiebel schälen und in feine Würfel schneiden. Mit dem Hackfleisch und dem Senf verkneten und mit Chilipulver, Salz und Pfeffer würzen. Aus der Masse 4 flache Hacksteaks formen.

4 Die Brötchen halbieren. Die roten Zwiebeln schälen und in Ringe schneiden. Die Hacksteaks mit 1 EL Öl bestreichen und auf dem Grill auf beiden Seiten je etwa 4 Minuten garen. Die Zwiebelringe mit dem restlichen Öl bestreichen und kurz mitgrillen. Eventuell auf Alufolie legen, damit sie nicht schwarz werden.

5 Die Salatblätter waschen und trocken tupfen. Die Tomaten und die Gurke waschen und in Scheiben schneiden. Die Brötchen ebenfalls kurz mit der Schnittfläche nach unten auf den Grill legen oder im Backofen kurz aufbacken.

6 Die unteren Brötchenhälften mit der Mayonnaise bestreichen. Mit Salatblättern und Tomatenscheiben belegen. Die gegrillten Hacksteaks darauflegen. Mit Gurkenscheiben und gegrillten Zwiebelringen belegen und die oberen Brötchenhälften darauflegen. Mit dem Coleslaw servieren.

Lammsteak
auf gemischtem Salat

➤ mit knackiger Beilage

ZUTATEN FÜR 4 PERSONEN

8 Tomaten
1 grüne Paprikaschote
300 g junger Blattspinat
2 rote Zwiebeln
2 EL Aceto balsamico
Salz · Pfeffer aus der Mühle
60 ml Olivenöl
4 Lammsteaks (à ca. 150 g)

ZUBEREITUNG

1 Die Tomaten waschen und achteln, dabei die Stielansätze entfernen. Die Paprikaschote längs halbieren, entkernen, waschen und in feine Streifen schneiden. Den Spinat verlesen, waschen und trocken schleudern, grobe Stiele entfernen. Die Blätter waschen und trocken schleudern. Die Zwiebeln schälen und in Spalten schneiden.

2 Den Essig mit Salz und Pfeffer würzen, nach und nach 4 EL Olivenöl unterschlagen. Tomaten, Paprika, Spinat und Zwiebeln auf Tellern anrichten und den Salat mit der Vinaigrette beträufeln.

3 Die Lammsteaks ungewürzt in einer Grillpfanne oder auf dem Grill bei starker Hitze auf beiden Seiten braten. Mit 2 EL Öl beträufeln und mit Salz und Pfeffer würzen. Die Filets quer halbieren und auf den Salat legen. Dazu passt türkisches oder griechisches Fladenbrot.

TIPP

Nach Belieben können Sie die Lammsteaks zusätzlich mit Kräutern wie Oregano, Majoran oder Rosmarin würzen. Auch Paprikapulver, Chilipulver oder etwas gemahlener Kreuzkümmel verleihen den Steaks das gewisse Etwas.

Lammkotelett
mit Gewürzbutter

➤ orientalische Aromenvielfalt

ZUTATEN FÜR 4 PERSONEN

12 Lammkoteletts (à ca. 150 g)
Salz · Pfeffer aus der Mühle
10 g Ingwer
2 grüne Kardamomkapseln
½ TL Pimentkörner
1 getrocknete rote Chilischote
½ TL Zimtpulver
frisch geriebene Muskatnuss
je 2 EL Butterschmalz und Walnussöl
2 Knoblauchzehen
2 EL gehackte Petersilie
1 EL gehackte Minze

ZUBEREITUNG

1 Die Lammkoteletts waschen, trocken tupfen und die Knochen sauber abschaben. Dicke Fettränder abschneiden, das Fleisch mit Salz und Pfeffer würzen. Den Ingwer schälen und fein hacken. Die Kardamomkapseln aufbrechen, die Samen mit dem Piment und der Chilischote im Mörser fein zerreiben. Mit Ingwer, Zimt und Muskatnuss mischen.

2 Butterschmalz und Öl in einer kleinen Pfanne erhitzen. Den Knoblauch schälen und dazupressen. Die Würzmischung untermischen, einmal aufschäumen lassen. Petersilie und Minze unterrühren, die Gewürzbutter etwas abkühlen lassen. Die Lammkoteletts auf beiden Seiten mit der Gewürzbutter bestreichen und 20 bis 30 Minuten ziehen lassen.

3 Den Grill anheizen. Die Koteletts auf beiden Seiten je 6 bis 8 Minuten garen, bis sie gebräunt, aber innen noch leicht rosa sind. Die restliche Gewürzbutter zerlassen, die gegrillten Koteletts damit übergießen. Servieren Sie dazu nach Belieben Zitronenspalten und Gemüse-Couscous oder Fladenbrot.

Lammspieße
mit griechischem Salat

➤ wie Urlaub an der Ägäis

ZUTATEN FÜR 4 PERSONEN

Für die Lammspieße:
1 kg Lammfleisch (ohne Knochen)
8 EL Olivenöl
1–2 EL Zitronensaft
Salz · Pfeffer aus der Mühle
1 TL getrockneter Oregano
Für den griechischen Salat:
3 Tomaten
1 kleine Salatgurke
1 grüne Paprikaschote
1 Zwiebel
125 g Schafskäse (Feta)
2 EL Weißweinessig
Salz · Pfeffer aus der Mühle
2 EL Olivenöl
1 EL getrockneter Oregano

ZUBEREITUNG

1 Für die Lammspieße etwa zwölf Holzspieße 30 Minuten in kaltes Wasser legen. Das Fleisch in mundgerechte Würfel schneiden, dabei von Sehnen und Fett befreien und auf die Spieße stecken.

2 Olivenöl, Zitronensaft, 1/2 TL Salz, Pfeffer und Oregano verrühren. Die Fleischspieße in eine flache Form legen, mit der Marinade bestreichen und zugedeckt 2 bis 3 Stunden durchziehen lassen.

3 Für den Salat die Tomaten waschen, vierteln, entkernen und in mundgerechte Stücke schneiden. Die Gurke waschen, längs halbieren, entkernen und die Hälften in Scheiben schneiden. Die Paprikaschote längs halbieren, entkernen, waschen und in Streifen schneiden. Die Zwiebel schälen und in Ringe schneiden. Den Schafskäse zerbröckeln. Alles miteinander mischen.

4 Den Grill anheizen. Die Spieße aus der Marinade nehmen, abtropfen lassen und auf dem Grill 6 bis 8 Minuten rundum garen.

5 Den Essig mit Salz und Pfeffer würzen, das Olivenöl unterschlagen. Die Vinaigrette mit dem Salat mischen. Den Salat nochmals abschmecken, auf Teller oder Schüsseln verteilen und mit Oregano bestreuen. Die Lammspieße dazu servieren.

TIPP

Lammfleisch ist im Geschmack wesentlich milder als Hammel- oder Schaffleisch. Zudem ist es reich an Vitaminen und Mineralstoffen und bei richtiger Zubereitung sehr zart. Lammfleisch verträgt sich wunderbar mit mediterranen Kräutern wie Rosmarin, Thymian und Oregano.

Lammwürstchen
mit Knoblauch und Fenchel

➤ ganz einfach selbst gemacht

ZUTATEN FÜR 4 PERSONEN

ca. 5 m Schweine-Naturdarm (in Salzlake; vom Metzger)
600 g Lammfleisch (aus der Schulter)
150 g durchwachsener Räucherspeck
1 EL Salz · 1 TL Pfeffer aus der Mühle
frisch geriebene Muskatnuss
4 Knoblauchzehen
2 EL Fenchelsamen
4 EL kalter Weißwein

ZUBEREITUNG

1 Den Naturdarm 30 Minuten in lauwarmem Wasser einweichen. Das Lammfleisch und den Speck durch den Fleischwolf in eine Schüssel drehen oder vom Metzger durchdrücken lassen. Das Hackfleisch mit Salz, Pfeffer und etwas Muskatnuss würzen. Etwa 30 Minuten im Tiefkühlfach anfrieren lassen.

2 Die Hackfleischmasse mit den Knethaken des Handrührgeräts 10 Minuten kneten. Den Knoblauch schälen und mit den Fenchelsamen fein hacken. Beides mit dem Wein dazugeben und gut untermischen.

3 Den Grill anheizen. Einen Spritzbeutel mit Lochtülle (12 mm Ø) mit der Hackmasse füllen. Jeweils etwa 1 m Wursthülle auf die Tülle schieben und die Masse mit gleichmäßigem Druck in die Wursthülle spritzen, dabei die Wursthülle auf der Tülle festhalten, damit sie nicht abrutscht.

4 Die fertige Wurst alle 5 cm mit Daumen und Zeigefinger zusammendrücken. Den ersten Abschnitt dreimal nach rechts drehen, den zweiten dreimal nach links drehen, den dritten wieder dreimal nach rechts usw.; auf diese Weise entsteht eine Wurstkette. Die Lammwürstchen auf dem Grill in einer Alu-Grillschale oder bei mittlerer Hitze auf dem Rost rundum 10 bis 15 Minuten goldbraun garen.

TIPP

Grundsätzlich sollte Hackfleisch stets sehr frisch sein, denn es bietet eine große Angriffsfläche für Bakterien. Deswegen immer am Einkaufstag zubereiten und dabei auf strenge Hygiene achten!

Lammrücken-koteletts

mit scharfem Gurkensalat

➤ pikant gewürzt

ZUTATEN FÜR 4 PERSONEN

Für die Lammkoteletts:
3 EL Öl · 6 EL Tomatensaft
1 EL Tomatenmark
2 EL Sangrita picante
(Fertigprodukt, siehe Tipp S. 56)
4 EL Honig · Tabasco
1 EL Rotweinessig
1 TL Paprikapulver
Cayennepfeffer
2 Knoblauchzehen
ca. 1 ½ kg Lammrücken (mit Knochen)
Salz · Pfeffer aus der Mühle
Für den Gurkensalat:
1 kleine rote Zwiebel
1 Salatgurke
½ Bund Koriander
1 Stiel Minze
1 kleine rote Chilischote
2 EL Öl · 2 EL Limettensaft
Salz · Pfeffer aus der Mühle

ZUBEREITUNG

1 Für die Lammkoteletts das Öl mit Tomatensaft, Tomatenmark, Sangrita picante und dem Honig unter ständigem Rühren in einem Topf erwärmen, bis der Honig flüssig ist. Tabasco, Essig, Paprikapulver und 1 Prise Cayennepfeffer untermischen. Den Knoblauch schälen und dazupressen.

2 Die Lammrücken in 2 gleichmäßig große Stücke schneiden und mit Salz und Pfeffer einreiben. Die Lammrückenstücke etwa 30 Minuten in der Marinade ziehen lassen.

3 Den Grill anheizen. Die Lammrückenstücke trocken tupfen und auf dem Grill unter häufigem Wenden 25 bis 30 Minuten rundum garen.

4 Inzwischen für den Gurkensalat die Zwiebel schälen und in feine Würfel schneiden. Die Gurke gründlich waschen, längs halbieren, entkernen und die Hälften in kleine Würfel schneiden.

5 Den Koriander und die Minze waschen und trocken schütteln, die Blätter abzupfen und fein hacken. Die Chilischote längs halbieren, entkernen, waschen und in feine Würfel schneiden.

6 Zwiebel- und Gurkenwürfel mit den Kräutern und der Chili mischen. Öl und Limettensaft mischen und über den Salat gießen. Mit Salz und Pfeffer abschmecken und 10 Minuten ziehen lassen.

7 Die Lammrücken in den letzten 10 Minuten immer wieder mit der Marinade bestreichen, bis sie schön gebräunt sind. In Scheiben schneiden, mit Salz und Pfeffer würzen und mit dem scharfen Gurkensalat servieren. Dazu passen Ofenkartoffeln.

TIPP

Sangrita ist eine scharf gewürzte mexikanische Tomaten-Orangen-Limettensaft-Mischung. Sie kann als scharfer Drink genossen werden oder zum Würzen von Saucen, Fleisch- und Fischgerichten verwendet werden.

Lammrücken
mit lauwarmem Bohnensalat

➤ kräuterfrisch und knoblauchwürzig

ZUTATEN FÜR 2 PERSONEN

Für den Lammrücken:

2 Lammrückenstränge (à 200 g; küchenfertig, mit Knochen)
Salz · Pfeffer aus der Mühle
1 EL Olivenöl
1 Bund Rosmarin
½ Bund Salbei
¼ Bund Basilikum
1 Knoblauchzehe

Für den Bohnensalat:

250 g weiße Bohnen (aus der Dose)
3 Frühlingszwiebeln
2–3 EL Olivenöl
150 ml Gemüsebrühe
1 EL Weißweinessig
Salz · Pfeffer aus der Mühle
Cayennepfeffer

ZUBEREITUNG

1 Für die Lammrücken den Grill anheizen. Die Lammrücken mit Salz und Pfeffer würzen. Das Olivenöl in einer Pfanne erhitzen und die Lammrücken darin rundum kräftig anbraten.

2 Rosmarin, Salbei und Basilikum waschen und trocken schütteln. Die Knoblauchzehe ungeschält andrücken. Die Lammrücken mit den Kräutern und der Knoblauchzehe locker in eine doppelt gefaltete Alufolie wickeln und auf dem Grill 15 bis 20 Minuten rosa garen.

3 Inzwischen für den Bohnensalat die Bohnen in ein Sieb abgießen, kalt abbrausen und abtropfen lassen. Die Frühlingszwiebeln putzen, waschen und in feine Ringe schneiden.

4 In einer Pfanne 1 EL Olivenöl erhitzen und die Frühlingszwiebelringe darin andünsten. Mit der Brühe ablöschen, alles einmal aufkochen lassen.

5 Die Bohnen dazugeben und in der Brühe erhitzen. Den Salat mit dem Essig und dem restlichen Olivenöl verrühren und mit Salz, Pfeffer und Cayennepfeffer abschmecken.

6 Die Bohnen mit dem Sud auf tiefe Teller verteilen. Die Lammrücken aus der Alufolie wickeln und schräg in dünne Scheiben schneiden. Auf dem Bohnensalat anrichten. Die Lammrückenscheiben nach Belieben mit Meersalz würzen, dafür eignet sich besonders das edle Fleur de Sel.

TIPP

Fleur de Sel heißt übersetzt »Salzblume«. Die Gewinnung dieses leicht knusprigen und wegen seiner Mineralienzusammensetzung schmackhaften Meersalzes ist sehr aufwendig: In den flachen Becken zur Salzgewinnung bildet sich an der Wasseroberfläche an heißen Tagen eine hauchdünne Salzschicht, die per Hand abgeschöpft wird.

Hähnchenbrust
mit Paprikasauce und Blattsalat

➤ leichtes Mittagessen

ZUTATEN FÜR 4 PERSONEN

2 rote Paprikaschoten
1 Schalotte
⅛ l trockener Weißwein
4 Hähnchenbrustfilets
(à ca. 150 g)
Salz · Pfeffer aus der Mühle
1 EL Öl
200 g gemischte Blattsalate
(z. B. Rucola, Frisée, Lollo rosso)
100 g Sahne
2 EL kalte Butter
1 EL Weißweinessig
3 EL Olivenöl

ZUBEREITUNG

1 Die Paprikaschoten längs halbieren, entkernen, waschen und in kleine Würfel schneiden. Die Schalotte schälen und in feine Würfel schneiden. Die Paprika- und die Schalottenwürfel mit dem Wein aufkochen und zugedeckt bei schwacher Hitze etwa 15 Minuten köcheln lassen.

2 Den Backofengrill einschalten. Die Hähnchenbrustfilets waschen und trocken tupfen. Mit Salz und Pfeffer würzen und im Ofen auf dem Ofengitter unter dem Grill etwa 10 Minuten garen, dabei gelegentlich mit etwas Öl bepinseln.

3 Die Blattsalate putzen, waschen und trocken schleudern. Die Blätter nach Belieben in mundgerechte Stücke zerteilen.

4 Die gegarten Paprika- und Schalottenwürfel mit dem Stabmixer pürieren, die Sahne dazugießen und die Butter in Stücken unterrühren. Mit Salz und Pfeffer abschmecken.

5 Den Essig mit Salz und Pfeffer verrühren und das Olivenöl unterschlagen. Den Salat mit der Vinaigrette mischen und auf Teller verteilen. Die Hähnchenbrustfilets darauf anrichten und mit der Paprikasauce beträufeln.

TIPP

Die Paprikahaut ist nicht für jeden bekömmlich. Zum Häuten die Paprikaschoten halbieren, entkernen und bei 220 °C im vorgeheizten Backofen so lange garen, bis die Haut platzt und braun wird. Einige Minuten zugedeckt ruhen lassen, dann die Haut mit einem Messer abziehen.

Hähnchenbrust
auf Zuckerschoten

➤ fix gezaubert

ZUTATEN FÜR 4 PERSONEN

1 Schalotte · ½ Knoblauchzehe
5 EL Butter · ¼ l Gemüsebrühe
100 g Sahne
100 g Weichkäse
(z. B. Saint-Albray, Henri)
Salz · Pfeffer aus der Mühle
2 TL Zitronensaft
4 Hähnchenbrustfilets (à ca. 180 g)
300 g Zuckerschoten
1 EL Schnittlauchröllchen

ZUBEREITUNG

1 Die Schalotte und den Knoblauch schälen und in feine Würfel schneiden. In einer Pfanne 1 EL Butter erhitzen und beides darin andünsten. Brühe und Sahne dazugießen und aufkochen lassen.

2 Den Käse entrinden und klein schneiden. In der Sauce schmelzen und bei schwacher Hitze etwa 10 Minuten köcheln lassen. Mit Salz, Pfeffer und Zitronensaft würzen.

3 Die Hähnchenbrustfilets waschen und trocken tupfen, mit Salz und Pfeffer würzen. In einer Pfanne 2 EL Butter erhitzen und die Filets darin rundum anbraten, dann zugedeckt bei schwacher Hitze 5 bis 7 Minuten gar ziehen lassen.

4 Die Zuckerschoten putzen, waschen und in kochendem Salzwasser etwa 4 Minuten blanchieren. In ein Sieb abgießen, kalt abschrecken und abtropfen lassen. Die restliche Butter erhitzen und die Zuckerschoten darin bissfest dünsten. Mit Salz und Pfeffer würzen.

5 Den Schnittlauch unter die Käsesauce rühren. Zum Servieren die Hähnchenbrustfilets schräg in Scheiben schneiden, auf den Zuckerschoten anrichten und jeweils etwas Sauce darübergeben.

TIPP

Alternativ können Sie die Sauce auch mit Blauschimmelkäse herstellen. Dafür eignen sich besonders Gorgonzola und Roquefort. Dann den Käse erst gegen Ende der Garzeit in der Sauce schmelzen lassen, da er ansonsten bitter wird.

Hähnchenstreifen

mit Morcheln und Blumenkohl

➤ **Kalorienarmes aus dem Wok**

ZUTATEN FÜR 4 PERSONEN

12 getrocknete Morcheln
1 Knoblauchzehe
1 grüne Chilischote
4 Hähnchenbrustfilets (à ca. 150 g)
1 EL Speisestärke
4 EL Sojasauce · 80 ml Reiswein
1 EL geriebener Ingwer
125 g Lauch · 400 g Möhren
300 g Blumenkohl
200 g Sojabohnensprossen
6 EL Sojaöl
Salz · Pfeffer aus der Mühle
1 EL gehackter Koriander

ZUBEREITUNG

1 Die Morcheln in einer Schüssel mit 1/4 l warmem Wasser 30 Minuten einweichen. Den Knoblauch schälen, die Chilischote längs halbieren, entkernen und waschen. Beides in feine Würfel schneiden.

2 Die Hähnchenbrustfilets waschen, trocken tupfen und in Streifen schneiden. Speisestärke, Sojasauce und Reiswein verquirlen, Ingwer, Chili und Knoblauch dazugeben und das Fleisch darin etwa 30 Minuten marinieren.

3 Inzwischen das Gemüse putzen und waschen bzw. schälen. Den Lauch in Ringe, die Möhren in Scheiben schneiden. Den Blumenkohl in kleine Röschen teilen. Die Sprossen überbrühen. Die Sprossen und die Morcheln abtropfen lassen.

4 Den Wok erhitzen und 1 EL Öl hineingeben. Das Hähnchenfleisch aus der Marinade nehmen. Portionsweise im Wok rundum kräftig anbraten und herausnehmen.

5 Das restliche Öl im Wok erhitzen, Lauch, Möhren und Blumenkohl darin nach und nach bissfest braten. Morcheln, Sprossen und Fleisch dazugeben. Die Marinade unterrühren, kurz köcheln lassen und mit Salz und Pfeffer abschmecken. Zuletzt den Koriander untermischen und servieren. Dazu passen chinesische Reisnudeln oder Basmatireis.

TIPP

Für das Gericht können Sie, falls erhältlich, auch frische Morcheln verwenden. Diese gründlich waschen und direkt weiterverarbeiten. Achtung: Rohe Morcheln sind giftig, daher nicht roh probieren!

Hähnchenbrust
mit Knusperpanade

➤ mit italienischer Füllung

ZUTATEN FÜR 4 PERSONEN

500 g junger Blattspinat · Salz
frisch geriebene Muskatnuss
4 Hähnchenbrustfilets (à ca. 150 g)
weißer Pfeffer aus der Mühle
Paprikapulver (edelsüß)
1 Kugel Mozzarella (125 g)
2 Eier · 30 g Cornflakes
2 EL Mehl · 2 EL Öl · 3 EL Butter

ZUBEREITUNG

1 Den Spinat verlesen, waschen und grobe Stiele entfernen. Tropfnass in einem großen Topf bei mittlerer Hitze zusammenfallen lassen. Mit Salz und Muskatnuss würzen und einige Minuten garen. In ein Sieb abgießen und abtropfen lassen.

2 Die Hähnchenbrustfilets waschen und trocken tupfen. In jedes Filet mit einem scharfen Messer eine Tasche einschneiden. Das Fleisch innen und außen mit Salz, Pfeffer und Paprikapulver würzen.

3 Den Spinat grob hacken. Den Mozzarella in kleine Würfel schneiden und mit dem Spinat mischen, mit Salz und Pfeffer würzen. In jede Tasche etwas von der Spinat-Käse-Füllung geben, die Öffnung jeweils mit einem kleinen Holzspieß verschließen.

4 Die Eier mit einer Gabel verquirlen. Die Cornflakes in einen Gefrierbeutel geben und mit dem Nudelholz zerbröseln. Die Hähnchenbrüste zuerst in Mehl, dann im Ei und zum Schluss in den Cornflakes wenden. Die Panade gut festdrücken. Öl und Butter in einer beschichteten Pfanne erhitzen. Die Filets darin bei mittlerer Hitze 3 bis 4 Minuten anbraten. Vorsichtig wenden, die Hitze reduzieren und die zweite Seite 4 bis 5 Minuten goldbraun braten.

Hähnchenbrust
mit Süßkartoffeln und Spinat

➤ voll im Trend

ZUTATEN FÜR 4 PERSONEN

800 g Süßkartoffeln · Salz
500 g junger Blattspinat
4 Hähnchenbrustfilets (à ca. 180 g)
Pfeffer aus der Mühle
4 EL Olivenöl
2 TL Rosmarinnadeln
5 EL Sherry (medium)
100 ml Hühnerbrühe
oder Hühnerfond
1 TL Senfkörner

ZUBEREITUNG

1 Die Süßkartoffeln schälen und waschen. In kochendem Salzwasser etwa 25 Minuten garen, abgießen und abtropfen lassen. Den Spinat verlesen, waschen und trocken schleudern, grobe Stiele entfernen. Die leicht abgekühlten Süßkartoffeln längs in Spalten schneiden.

2 Die Hähnchenbrustfilets waschen, trocken tupfen und mit Salz und Pfeffer würzen. In 2 EL Olivenöl auf beiden Seiten je 4 Minuten braten. Den Rosmarin hinzufügen, 2 Minuten mitbraten, die Filets herausnehmen und zugedeckt warm halten.

3 Den Bratensatz mit dem Sherry und der Brühe lösen und auf die Hälfte einkochen lassen. Mit Salz und Pfeffer würzen.

4 Das restliche Olivenöl erhitzen. Die Süßkartoffeln mit den Senfkörnern unter gelegentlichem Wenden 5 bis 7 Minuten braten. Den Spinat kurz mitbraten und alles mit Salz und Pfeffer würzen. Die Hähnchenbrustfilets mit dem Gemüse auf Teller verteilen. Mit der Sauce beträufeln und nach Belieben mit etwas grob gemahlenem Pfeffer bestreut servieren.

Hähnchen
mit Chili-Limetten-Marinade

➤ säuerlichscharf mit Lavendelaroma

ZUTATEN FÜR 4 PERSONEN

1 Hähnchen (ca. 1 kg; küchenfertig)
2 Limetten · 2 rote Chilischoten
2 TL brauner Zucker
1 TL brauner Rum
1 EL getrocknete Lavendelblüten
1 Knoblauchzehe
Salz · Pfeffer aus der Mühle

ZUBEREITUNG

1 Das Hähnchen innen und außen gründlich waschen, trocken tupfen und in 8 Stücke teilen.

2 Die Limetten auspressen. Die Chilischoten längs halbieren, entkernen, waschen, in feine Würfel schneiden und mit dem Limettensaft verrühren. Zucker, Rum und die Lavendelblüten unter die Chili-Limetten-Mischung rühren. Den Knoblauch schälen, längs in feine Scheiben schneiden und zur Marinade geben.

3 Die Marinade über die Hähnchenteile gießen. Das Fleisch etwa 2 Stunden zugedeckt kühl stellen.

4 Den Grill anheizen. Das Fleisch aus der Marinade nehmen, trocken tupfen und auf dem Grill 6 bis 8 Minuten goldbraun braten. Mit Salz und Pfeffer würzen. Nach Belieben mit Lavendelblüten und Limettenscheiben garniert servieren.

TIPP

Zu den gegrillten Hähnchenteilen passt ein Limetten-Joghurt-Dip. Dafür 200 g Sahnejoghurt und 50 g Crème fraîche mit dem Saft und der abgeriebenen Schale von 1 unbehandelten Limette verrühren. 1 Knoblauchzehe schälen und dazupressen. Den Dip mit Salz und Pfeffer abschmecken.

Satéspieße
mit Erdnusssauce

➤ Klassiker aus Indonesien

ZUTATEN FÜR 4 PERSONEN

30 g Ingwer
2 Knoblauchzehen
200 ml Kokosmilch
Salz
1 TL gemahlene Kurkuma
1 TL gemahlener Kreuzkümmel
1 TL gemahlener Koriander
4 Hähnchenbrustfilets
(à ca. 150 g) · 1 EL Öl
1 EL gelbe Currypaste
1 TL Chilipulver
1 TL Zucker
2 EL Erdnussbutter

ZUBEREITUNG

1 Den Ingwer und den Knoblauch schälen und in feine Würfel schneiden. Die Kokosmilch mit 1 TL Salz, Kurkuma, Kreuzkümmel und Koriander verrühren. Die Ingwer- und Knoblauchwürfel unter die Marinade mischen.

2 Die Hähnchenbrustfilets waschen, trocken tupfen und längs in Streifen schneiden. Mit der Marinade mischen und das Fleisch etwa 2 Stunden kühl stellen.

3 Zwölf Holzspieße etwa 30 Minuten in kaltes Wasser legen. Das Fleisch aus der Marinade nehmen, abtropfen lassen und wellenförmig auf die Spieße stecken. Den Grill anheizen.

4 Das Öl in einem Topf erhitzen, die Currypaste und das Chilipulver darin anrösten. Zucker und Erdnussbutter hinzufügen, nach und nach die Marinade dazugießen und 10 Minuten köcheln lassen. Den Grill anheizen.

5 Die Satéspieße auf dem Grill etwa 5 Minuten goldbraun braten. Die Erdnusssauce mit Salz abschmecken und zu den Spießen servieren.

TIPP

Für Teriyaki-Spieße 200 ml Geflügelfond, 120 ml Sojasauce und 3 EL Zucker in einem Topf aufkochen und köcheln lassen, bis sich der Zucker gelöst hat. 3 EL Mirin (japan. Reiswein) unterrühren. Die Marinade über die Spieße gießen und das Fleisch vor dem Grillen zugedeckt 20 Minuten kühl stellen. Die trocken getupften Spieße auf dem Grill 4 bis 5 Minuten goldbraun braten.

Zitronengras-Hähnchenspieße

mit Ananas-Salsa

➤ fettarm und aromareich

ZUTATEN FÜR 4 PERSONEN

3 Hähnchenbrustfilets (à ca. 150 g)
12 Stängel Zitronengras
1 Bund Koriander
1 rote Chilischote
3 Limetten (davon 2 unbehandelt)
1 EL Ketjap manis (süße Sojasauce)
3 EL helle Sojasauce
1 kleine Ananas
2 rote Paprikaschoten
2 rote Zwiebeln
2 EL süßsaure Chilisauce
1 EL Sesamöl

ZUBEREITUNG

1 Die Hähnchenbrustfilets waschen, trocken tupfen und quer in Streifen schneiden. Vom Zitronengras die welken Außenblätter entfernen und das Fleisch auf die Stängel aufspießen.

2 Den Koriander waschen und trocken schütteln. 3 Korianderstiele grob zerkleinern, von den restlichen Stielen die Blätter abzupfen und grob hacken. Die Chilischote längs halbieren, entkernen, waschen und in feine Würfel schneiden.

3 Die unbehandelten Limetten heiß waschen und trocken reiben. Die dritte Limette auspressen, den Saft mit den Chiliwürfeln und den grob zerkleinerten Korianderstielen mischen. Ketjap manis und 3 EL helle Sojasauce unter die Marinade rühren. Die Marinade über die Spieße gießen, das Fleisch 2 Stunden kühl stellen.

4 Die Ananas putzen, schälen und vierteln. Den harten Strunk entfernen und die Ananasviertel in kleine Würfel schneiden.

5 Die Paprikaschoten längs halbieren, entkernen, waschen und in kleine Würfel schneiden. Die Zwiebeln schälen und in feine Würfel schneiden. Die Ananas- und Paprikawürfel mit den Zwiebeln und dem gehackten Koriander mischen. Mit der Chilisauce und dem Sesamöl verrühren.

6 Den Grill anheizen. Die Spieße aus der Marinade nehmen, trocken tupfen und auf dem Grill etwa 4 bis 5 Minuten goldbraun braten.

7 Die unbehandelten Limetten halbieren, mit der Schnittfläche 2 bis 3 Minuten auf den Grill legen. Die Ananas-Salsa in Schälchen anrichten und mit den Zitronengras-Hähnchen-Spießen und den gebräunten Limettenhälften servieren.

TIPP

Für Chutney statt Salsa 1 Zwiebel, 1 Knoblauchzehe, 200 g Ananasfruchtfleisch, 10 g geschälten Ingwer und ½ Paprikaschote in sehr kleine Würfel schneiden. Mit 2 EL Zucker 12 bis 15 Minuten weich dünsten. Mit Chilisauce, Weißweinessig, Salz und gemahlener Kurkuma abschmecken.

Chicken Wings
mit Mango-Chili-Sauce

➤ Knuspriges vom Grill

ZUTATEN FÜR 4 PERSONEN

Für die Mango-Chili-Sauce:

1 EL Speisestärke
1 mittelscharfe rote Chilischote
100 g Mangofruchtfleisch
50 g Zucker · Salz
3 EL Weißweinessig
1 TL Tomatenmark
je ½ TL Knoblauch und Ingwer (in feinen Würfeln)

Für die Chicken Wings:

1 kg Hähnchenflügel
1 walnussgroßes Stück Ingwer
2 Knoblauchzehen
4 EL Sojasauce · 2 EL Sesamöl
2–3 EL Ahornsirup oder Honig
2 EL Sherryessig · Cayennepfeffer
Pfeffer aus der Mühle

ZUBEREITUNG

1 Für die Sauce die Speisestärke mit etwas kaltem Wasser glatt rühren. Die Chilischote längs halbieren, entkernen, waschen und in feine Würfel schneiden. Das Mangofruchtfleisch in Würfel schneiden.

2 Etwa 3/8 l Wasser mit Chili, Zucker, 1 TL Salz, Essig, Tomatenmark, Knoblauch und Ingwer aufkochen. Die Speisestärke dazugeben und alles unter Rühren etwa 2 Minuten köcheln lassen.

3 Die Mangowürfel bis auf 2 EL zur Sauce geben, alles mit dem Stabmixer pürieren. Die restlichen Mangowürfel unterrühren. Die Sauce zugedeckt kühl stellen und etwa 1 Stunde durchziehen lassen.

4 Die Hähnchenflügel waschen und trocken tupfen, gegebenenfalls die Spitzen abschneiden.

5 Den Ingwer und den Knoblauch schälen und in feine Würfel schneiden. Sojasauce, Sesamöl, Ahornsirup, Sherryessig und Cayennepfeffer mischen. Die Ingwer- und Knoblauchwürfel dazugeben. Die Hähnchenflügel mit Pfeffer einreiben und etwa 1 Stunde in der Marinade ziehen lassen.

6 Den Grill anheizen. Die Hähnchenflügel trocken tupfen und auf dem Grill unter gelegentlichem Wenden 10 bis 15 Minuten rundum goldbraun braten, dabei gelegentlich mit der Marinade bestreichen. Alternativ den Backofen auf 220 °C vorheizen. Ein Blech mit Alufolie auslegen, die Folie einfetten. Die Hähnchenflügel im Ofen auf der mittleren Schiene etwa 15 Minuten goldbraun garen. Mit der Mango-Chili-Sauce servieren. Dazu passt auch Erdnusssauce (Rezept siehe S. 62).

Hähnchenkeulen
mit Chilikürbis

➤ pikant mariniert

ZUTATEN FÜR 4 PERSONEN

1 Zwiebel · ½ rote Paprikaschote
90 g Honig · Salz
Pfeffer aus der Mühle
120 g Tomatenketchup
1 EL Obstessig · Tabasco
1 unbehandelte Orange
¼ TL Fenchelsamen
8 Hähnchenunterkeulen
1 kleine rote Chilischote · 4 EL Butter
1 Hokkaidokürbis (ca. 1 kg)

ZUBEREITUNG

1 Am Vortag die Zwiebel schälen und in feine Würfel schneiden. Die Paprikaschote entkernen, waschen und in sehr feine Würfel schneiden.

2 Zwiebel- und Paprikawürfel, Honig, Salz, Pfeffer, Tomatenketchup, Essig und etwas Tabasco in einem Topf verrühren, kurz aufkochen und 15 Minuten köcheln lassen.

3 Die Orange heiß waschen und trocken reiben, 1 TL Schale abreiben und den Saft auspressen. Die Hälfte der Orangenschale, 2 EL Orangensaft und die Fenchelsamen unter die Barbecuesauce rühren und mit Salz, Orangensaft und -schale abschmecken. Die Sauce leicht abkühlen lassen.

4 Die Hähnchenkeulen waschen, trocken tupfen und rundum mit Sauce bestreichen. In eine ofenfeste Form legen. Die Hähnchenkeulen und die restliche Sauce über Nacht zugedeckt kühl stellen.

5 Am nächsten Tag für den Chilikürbis die Chilischote längs halbieren, entkernen und in feine Würfel schneiden. Die Butter zerlassen und mit Chili, Salz und Pfeffer verrühren.

6 Den Kürbis waschen und die Schale gründlich sauber bürsten. Den Kürbis halbieren und entkernen, die Hälften in 3 bis 4 cm breite Spalten schneiden. Die Kürbisspalten großzügig mit der Chilibutter bestreichen und in eine Aluschale geben. Die Kürbisspalten und die restliche Chilibutter zugedeckt kühl stellen. Den Grill anheizen.

7 Die Kürbisspalten in der Aluschale auf dem Grill etwa 30 Minuten garen, dabei immer wieder mit Chilibutter bestreichen. Die Hähnchenkeulen auf dem eingeölten Grillrost mit etwas Abstand zur Glut rundum 15 bis 20 Minuten garen, dabei mehrmals mit der Barbecuesauce bestreichen. Die restliche Sauce getrennt dazu reichen.

TIPP

Wer es nicht so scharf mag, würzt den Kürbis stattdessen mit Ingwer. 20 g Ingwer schälen, fein reiben und in die flüssige Butter rühren (Step 5).

Putenschnitzel

mit Mango und Rosmarin

➤ **Sommer auf dem Teller**

ZUTATEN FÜR 4 PERSONEN

1 Mango
1 Zweig Rosmarin
200 ml Gemüsebrühe
100 g Crème fraîche
Salz · 1 TL Weißweinessig
Cayennepfeffer
4 dünne Putenschnitzel (à 150 g)
Pfeffer aus der Mühle · 2 EL Öl

ZUBEREITUNG

1 Die Mango schälen, das Fruchtfleisch zuerst vom Stein und dann in dünne Spalten schneiden. Den Rosmarin waschen, trocken tupfen und die Nadeln abzupfen.

2 Die Hälfte der Mangospalten in kleine Würfel schneiden, in der Brühe weich dünsten und mit dem Stabmixer pürieren. Die Crème fraîche unterrühren und die Sauce mit Salz, Essig und Cayennepfeffer abschmecken.

3 Die Putenschnitzel waschen und mit Küchenpapier trocken tupfen. Mit Salz und Pfeffer würzen. Im heißen Öl auf beiden Seiten kräftig anbraten, den Rosmarin hinzufügen und kurz mitbraten. Mangosauce und Mangospalten dazu servieren. Dazu passt eine Wildreismischung oder Baguette.

TIPP

Schnell gemacht sind Putenschnitzel auf italienische Art: 1 Tomate waschen und in dünne Scheiben schneiden. 125 g Mozzarella ebenfalls in Scheiben schneiden. Tomaten- und Mozzarellascheiben auf die fertigen Schnitzel legen. Den Käse unter dem Backofengrill kurz schmelzen lassen. Die Schnitzel mit Salz und Pfeffer würzen.

Putenschnitzel
mit Bärlauchfüllung

➤ köstlicher Frühlingsbote

ZUTATEN FÜR 4 PERSONEN

4 dünne Putenschnitzel (à ca. 150 g)
Öl für die Folie
Salz · Pfeffer aus der Mühle
4 EL Schmand
1 EL Dijon-Senf
4 EL geriebener Parmesan
1 Eigelb
1 Bund Bärlauch
2 EL Öl · 1 EL Speisestärke
100 ml Geflügelfond
50 ml Marsala (ital. Dessertwein)
1 unbehandelte Zitrone

ZUBEREITUNG

1 Die Putenschnitzel waschen, trocken tupfen und zwischen zwei Lagen geölter Frischhaltefolie mit der flachen Seite eines Fleischklopfers vorsichtig flach klopfen. Mit Salz und Pfeffer würzen.

2 Den Schmand mit dem Senf und dem geriebenen Parmesan mischen. Mit Salz und Pfeffer abschmecken und das Eigelb unterrühren.

3 Den Bärlauch waschen und trocken schütteln. 8 Blätter beiseitelegen, die restlichen Blätter fein hacken und mit dem Schmand mischen.

4 Die Füllung auf je eine Hälfte der Schnitzel verstreichen. Die Bärlauchblätter darauf verteilen und die Schnitzel über der Füllung zusammenklappen. Mit kleinen Holzspießen feststecken.

5 Öl in einer großen Pfanne erhitzen. Die Schnitzel auf beiden Seiten mit etwas Speisestärke bestäuben und in der Pfanne auf beiden Seiten goldbraun braten. Herausnehmen und warm halten.

6 Den Bratensatz mit dem Fond und dem Marsala aufkochen und kurz einkochen lassen. Die Sauce und die Schnitzel mit Salz und Pfeffer würzen. Die Zitrone heiß waschen, trocken reiben und vierteln. Die Putenschnitzel mit den Zitronenvierteln auf Tellern anrichten und mit der Marsalasauce beträufelt servieren. Dazu passt gebratene Polenta.

Putenröllchen
in Kokossauce

➤ mit reichlich Gewürzen

ZUTATEN FÜR 4 PERSONEN

200 g Wildreismischung
Salz · 10 g Ingwer
1 Knoblauchzehe
1 rote Peperoni
400 g Putenbrust
Öl für die Folie
Pfeffer aus der Mühle
ca. 1 EL Sambal Oelek
2 unbehandelte Limetten · 1 EL Öl
1 TL gehacktes Zitronengras
¼ l Kokosmilch
1½ EL Crème fraîche

ZUBEREITUNG

1 Die Wildreismischung nach Packungsanweisung in kochendem Salzwasser zugedeckt bissfest garen. Ingwer und Knoblauch schälen und in feine Würfel schneiden. Die Peperoni längs halbieren, entkernen, waschen und in feine Streifen schneiden.

2 Die Putenbrust in 8 dünne Schnitzel schneiden und zwischen zwei Lagen geölter Frischhaltefolie mit einem Messer vorsichtig flach streichen. Das Fleisch mit Salz und Pfeffer würzen und dünn mit Sambal Oelek bestreichen. Die Limetten heiß waschen und trocken reiben. 1½ Limetten in Scheiben schneiden, die letzte Hälfte auspressen.

3 Die Schnitzel aufrollen und jeweils mit kleinen Holzspießen feststecken. Das Öl in einer großen Pfanne erhitzen und die Fleischröllchen darin bei starker Hitze rundum goldbraun braten. Knoblauch, Ingwer, Peperoni und Zitronengras dazugeben und kurz mitbraten.

4 Mit Kokosmilch ablöschen und die Crème fraîche unterrühren. Die Sauce offen etwa 10 Minuten köcheln lassen, dabei die Röllchen häufiger wenden.

5 Die Kokossauce mit Salz, Pfeffer und Limettensaft abschmecken. Die Holzspieße aus den Röllchen ziehen. Die Putenröllchen in dicke Scheiben schneiden, mit Reis und Kokossauce anrichten und mit den Limettenscheiben garniert servieren.

Putenspieße
mit Roquefort-Joghurt-Dip

➤ mildes Fleisch trifft würzigen Dip

ZUTATEN FÜR 4 PERSONEN

1 unbehandelte Zitrone
2 TL gehackter Rosmarin
4 EL Olivenöl
Salz · Pfeffer aus der Mühle
2 Knoblauchzehen
300 g Putenbrustfilet
2 kleine Zucchini
3 Frühlingszwiebeln
100 g Roquefort · 100 g Naturjoghurt
150 g Cocktailtomaten

ZUBEREITUNG

1 Acht Holzspieße etwa 30 Minuten in kaltes Wasser legen. Die Zitrone heiß waschen, trocken reiben, 1 TL Schale abreiben und den Saft auspressen. Den Rosmarin mit 3 EL Zitronensaft, der Zitronenschale und 3 EL Olivenöl verrühren. Mit Salz und Pfeffer würzen. Den Knoblauch schälen und dazupressen.

2 Das Putenbrustfilet waschen, trocken tupfen, in etwa 2 cm große Würfel schneiden und mit der Hälfte der Marinade mischen. Die Zucchini putzen, waschen, in Scheiben schneiden und mit der restlichen Marinade beträufeln.

3 Für den Dip nur das Weiße der Frühlingszwiebeln putzen, waschen und klein schneiden. Die Frühlingszwiebeln mit dem Roquefort, dem Joghurt und 1 EL Zitronensaft fein pürieren und mit Salz, Pfeffer und Zitronensaft abschmecken.

4 Den Grill anheizen. Die Cocktailtomaten waschen und trocken tupfen. Die Fleischstücke und Zucchinischeiben aus der Marinade nehmen und abtropfen lassen. Mit den Cocktailtomaten abwechselnd auf die Spieße stecken.

5 Den Grillrost mit Alufolie bedecken, die Folie mit dem restlichen Öl bestreichen. Die Spieße darauf etwa 15 Minuten garen, dabei gelegentlich wenden. Mit dem Roquefort-Joghurt-Dip servieren.

Entenbrust
mit Maronen in Cassis

➤ klassisch französisch

ZUTATEN FÜR 4 PERSONEN

2 Entenbrustfilets (à ca. 400 g)
Salz · Pfeffer aus der Mühle · 4 EL Öl
je 50 ml trockener Rotwein und Schwarzer-Johannisbeer-Saft
2 Zweige Thymian · 2 EL Crème de Cassis (Schwarzer-Johannisbeer-Likör)
1 EL eiskalte Butter
250 g Maronen (aus der Dose)
2 EL Zucker · 1 EL Butter
50 ml Weißwein · 2 Nektarinen
2 EL Aceto balsamico
1 EL eingelegte Kapern

ZUBEREITUNG

1 Die Entenbrüste waschen und trocken tupfen. Die Haut mit einem scharfen Messer rautenförmig einschneiden. Die Entenbrüste mit Salz und Pfeffer würzen. 3 EL Öl in einer Pfanne erhitzen, die Entenbrüste darin auf der Hautseite bei schwacher Hitze etwa 10 Minuten braten. Wenden und weitere 5 Minuten braten. Das Fleisch in Alufolie wickeln und 10 Minuten ruhen lassen.

2 Den Rotwein und den Schwarzen-Johannisbeer-Saft in die Pfanne gießen und aufkochen lassen. Den Thymian waschen, trocken tupfen und mit der Crème de Cassis dazugeben. Die Sauce auf die Hälfte einkochen lassen, den Thymian wieder entfernen. Die eiskalte Butter mit dem Schneebesen unter die Sauce rühren. Die Cassis-Sauce mit Salz und Pfeffer würzen und warm halten.

3 Die Maronen in ein Sieb abgießen und abtropfen lassen. Den Zucker in einem Topf karamellisieren, die Butter dazugeben und aufschäumen lassen. Die Maronen unterrühren. Den Weißwein angießen und alles etwa 3 Minuten köcheln lassen. Die Nektarinen waschen, halbieren, die Steine entfernen, das Fruchtfleisch in Spalten schneiden und mit dem Essig und den Kapern zu den Maronen geben.

4 In einer zweiten Pfanne das restliche Öl erhitzen. Die vorgebratenen Entenbrüste auf der Hautseite knusprig braten, kurz ruhen lassen und schräg in Scheiben schneiden. Mit der Cassis-Sauce, den Nektarinen und den Maronen auf Tellern anrichten. Dazu passen Bandnudeln, gebratene Polenta, Kartoffelgnocchi oder Kartoffelgratin.

TIPP

Wenn Sie Ihre Gäste verwöhnen wollen, kaufen Sie beim Fleischhändler Ihres Vertrauens Barbarie-Entenbrust. Das Fleisch dieser ursprünglich aus Südamerika stammenden Enten ist etwas magerer als das anderer Zuchtenten.

Entenbrust

mit Zwiebelconfit

➤ **feine Küche, ganz einfach**

ZUTATEN FÜR 4 PERSONEN

400 g rote Zwiebeln
2 EL Olivenöl
2 EL brauner Zucker
⅛ l roter Portwein
4 EL Aceto balsamico
2 EL Rosinen
1 TL gekörnte Rinderbrühe
Salz · Pfeffer aus der Mühle
4 kleine Entenbrustfilets (à ca. 250 g)

ZUBEREITUNG

1 Die Zwiebeln schälen und in Spalten schneiden. Das Olivenöl in einem Topf erhitzen und die Zwiebeln darin andünsten. Mit dem Zucker bestreuen und unter Rühren karamellisieren.

2 Mit Portwein, Essig und 50 ml Wasser ablöschen. Die Rosinen und die Brühe unterrühren. Mit Salz und Pfeffer würzen und offen 30 bis 40 Minuten köcheln lassen. Gelegentlich umrühren und gegebenenfalls etwas Wasser angießen.

3 Den Backofen auf 100 °C vorheizen. Die Entenbrüste waschen und trocken tupfen. Die Haut mit einem scharfen Messer rautenförmig einschneiden. Die Entenbrüste mit Salz und Pfeffer würzen.

4 Eine ofenfeste Pfanne erhitzen, die Entenbrustfilets darin mit der Hautseite nach unten 6 bis 7 Minuten anbraten. Die Entenbrüste wenden und die Pfanne auf die mittlere Schiene in den Backofen stellen. Etwa 20 Minuten fertig garen.

5 Die Entenbrüste in Alufolie wickeln und 5 Minuten ruhen lassen. In Scheiben schneiden, mit dem Zwiebelconfit servieren. Dazu passen Bratkartoffeln.

Schweinebraten
in Biersauce

➤ außen knusprig, innen saftig

ZUTATEN FÜR 6–8 PERSONEN

1,2 l Hühner- oder Gemüsebrühe
1½ kg Schweinebraten (mit Schwarte)
2 Zwiebeln · 1 Möhre
120 g Knollensellerie
1–2 EL Öl · 150 ml dunkles Bier
Salz · ganzer Kümmel
2 EL eiskalte Butter
Pfeffer aus der Mühle

ZUBEREITUNG

1 Den Backofen auf 130 °C vorheizen. Die Brühe in einen Bräter geben und das Fleisch mit der Schwartenseite nach unten hineinlegen. Im Ofen auf der mittleren Schiene 30 Minuten garen.

2 Das Fleisch aus dem Bräter nehmen und die Schwarte quer zentimeterweise einschneiden (so lässt sich der Braten später gut in Scheiben schneiden!). Die Backofentemperatur auf 160 °C erhöhen. Die Brühe in ein Sieb abgießen und beiseitestellen.

3 Zwiebeln, Möhren und Sellerie putzen bzw. schälen und in Würfel schneiden. Den Bräter mit Küchenpapier trocken tupfen, das Öl darin erhitzen und das Gemüse darin andünsten. Mit dem Bier ablöschen und etwas einkochen lassen. So viel Brühe dazugießen, dass alles bedeckt ist. Den Braten mit der Schwarte nach oben auf das Gemüse in den Bräter legen und im Ofen auf der mittleren Schiene etwa 2 Stunden garen. Falls nötig, noch etwas Brühe dazugießen und den Braten zwischendurch immer wieder mit der Bratenflüssigkeit bestreichen.

4 Den Schweinebraten aus dem Bräter nehmen und die Backofentemperatur auf 220 °C (Oberhitze) erhöhen. Den Braten auf ein Backblech setzen, die Schwarte mit Salz und Kümmel bestreuen. Im Ofen auf der untersten Schiene etwa 30 Minuten knusprig braten.

5 Das Gemüse in ein Sieb abgießen, die Sauce in einem Topf auffangen und etwas einköcheln lassen. Die Butter nach und nach mit dem Schneebesen unter die Sauce rühren.

6 Das Gemüse wieder dazugeben. Mit Salz und Pfeffer abschmecken. Den Braten in Scheiben schneiden und mit dem Gemüse auf Tellern oder einer Platte anrichten. Dazu passen Kartoffelknödel, Semmelknödel oder Salzkartoffeln.

Spanferkelschulter
in Rotweinsauce

➤ rotweinwürzig

ZUTATEN FÜR 4 PERSONEN

Salz · 1½ kg Spanferkelschulter (mit Schwarte)
1 große Zwiebel
1 kleine Möhre
80 g Knollensellerie
1–2 EL Puderzucker
150 ml trockener Rotwein
300 ml Hühnerbrühe
1 Knoblauchzehe
gemahlener Kümmel
getrockneter Majoran
1 Streifen unbehandelte Zitronenschale

ZUBEREITUNG

1 In einem großen Topf reichlich Salzwasser aufkochen. Die Hitze reduzieren und die Spanferkelschulter darin 10 bis 15 Minuten sieden lassen.

Das Fleisch aus dem Topf nehmen und die Schwarte mit einem scharfen Messer zentimeterweise leicht einschneiden.

2 Die Zwiebel, die Möhre und den Sellerie putzen bzw. schälen. Die Möhre schräg in Scheiben schneiden. Die Zwiebel in Ringe schneiden. Den Sellerie in 1 cm große Stücke schneiden.

3 Den Backofen auf 160 °C vorheizen. Den Puderzucker in einem Bräter bei schwacher Hitze leicht karamellisieren. Die Zwiebelringe, die Möhrenscheiben und die Selleriestücke dazugeben und unter gelegentlichem Rühren andünsten, bis die Zwiebeln glasig sind.

4 Mit dem Wein ablöschen und auf ein Drittel einköcheln lassen. Die Brühe dazugießen, die Spanferkelschulter in den Bräter geben. Im Ofen auf der mittleren Schiene etwa 1 1/2 Stunden garen.

5 Den Knoblauch schälen und in Scheiben schneiden. Gegen Ende der Garzeit die Backofentemperatur auf 220 °C (Oberhitze) erhöhen. Den Knoblauch in den Bratensaft geben. Die Schwarte der Spanferkelschulter mit Salz würzen und das Fleisch weitere 30 Minuten kross braten.

6 Das Fleisch aus dem Bräter nehmen und warm halten. Den Bratensaft mit Salz und je 1 Prise Kümmel und Majoran würzen. Die Zitronenschale dazugeben und einige Minuten darin ziehen lassen. Die Sauce durch ein Sieb passieren und separat zur Spanferkelschulter servieren.

TIPP

Schmorgemüse geben Bratensaucen eine gewisse Grundwürze. Neben den verwendeten Gemüsesorten sind auch Lauch und Pastinaken bestens geeignet. Weintrauben, Äpfel und Trockenfrüchte wie Pflaumen, Aprikosen oder Feigen verleihen Saucen eine süßsaure Fruchtnote.

Krustenbraten
mit Serviettenknödeln

➤ bayerischer Klassiker

ZUTATEN FÜR 4–6 PERSONEN

Für den Braten:
500 g gehackte Kalbsknochen
1 1/2 kg Schweinebauch (mit Schwarte)
1,4 l Hühnerbrühe
Salz · 2 EL Öl · 200 g Zwiebelwürfel
je 80 g Knollensellerie- und Möhrenwürfel
1 EL Tomatenmark
1/4 l Malzbier
2 Knoblauchzehen
Für das Püree:
je 400 g Möhren, Knollensellerie und Petersilienwurzeln
1 Bund Petersilie
1 TL gemahlener Kümmel
1 EL flüssige Butter
Salz · Pfeffer aus der Mühle
frisch geriebene Muskatnuss
Für die Knödel:
100 g Butter
80 g Zwiebelwürfel
je 1 EL gehackter Majoran und Petersilie
200 ml Milch · 3 Eier
Salz · Pfeffer aus der Mühle
frisch geriebene Muskatnuss
400 g Weißbrotwürfel
100 g Paniermehl
2 EL Butterschmalz

ZUBEREITUNG

1 Für den Braten den Backofen auf 220 °C vorheizen. Die Kalbsknochen auf einem Backblech im Ofen auf der mittleren Schiene 30 Minuten rösten. Das Fett abgießen und die Knochen beiseitelegen. Die Backofentemperatur auf 180 °C herunterschalten. Das Fleisch mit der Schwarte nach unten in einen Bräter legen. 400 ml Brühe angießen und im

Ofen 45 Minuten garen. Den Braten aus dem Ofen nehmen. Die Schwarte rautenförmig einschneiden und das Fleisch leicht mit Salz würzen. Die Brühe aus dem Bräter zur restlichen Brühe gießen.

2 Den Bräter mit Küchenpapier trocken tupfen und das Öl darin erhitzen. Die Zwiebelwürfel, dann Sellerie- und Möhrenwürfel darin goldbraun braten. Das Tomatenmark kurz mitbraten, mit dem Bier ablöschen und etwas einkochen lassen. Die Knochen, den angedrückten ungeschälten Knoblauch und die Brühe dazugeben. Den Braten mit der Schwarte nach oben hineinsetzen und im Ofen auf der mittleren Schiene 1 1/2 bis 2 Stunden garen.

3 Für das Püree das Gemüse putzen, schälen und in Stücke schneiden. Die Petersilie waschen, trocken schütteln, die Blätter abzupfen und mit dem Gemüse in eine Schüssel geben. Kümmel und Butter gut untermischen. Mit Salz, Pfeffer und Muskatnuss würzen und in eine ofenfeste Form geben. Im Ofen auf der untersten Schiene zugedeckt etwa 1 1/2 Stunden mit dem Braten schmoren.

4 Für die Knödel 2 EL Butter in einer Pfanne erhitzen und die Zwiebelwürfel darin andünsten. Den Majoran und die Petersilie kurz mitdünsten. Die Pfanne vom Herd nehmen, die Milch und die Eier unterrühren. Die Eiermilch mit Salz, Pfeffer und Muskatnuss würzen.

5 Die Weißbrotwürfel in der restlichen Butter goldbraun braten, in eine große Schüssel geben. Die Eiermilch und das Paniermehl unterheben. Die Knödelmasse in Frischhaltefolie zu einer Rolle formen, in ein Küchentuch wickeln und die Enden mit Küchengarn zusammenbinden. Die Knödel in siedendem Wasser etwa 45 Minuten leise köcheln lassen.

6 Den Bräter aus dem Ofen nehmen, den Backofengrill einschalten. Den Braten auf einem Backblech unter dem Grill 15 bis 20 Minuten auf der untersten Schiene knusprig garen. Die Sauce durch ein Sieb passieren und nochmals mit Salz und Pfeffer würzen.

7 Das Gemüse pürieren und warm halten. Die Knödel kurz abkühlen lassen, in dünne Scheiben schneiden und im Butterschmalz auf beiden Seiten anbraten. Den Braten mit der Sauce, dem Gemüsepüree und den Knödeln servieren.

Schweinerücken
mit Kräuterfüllung

➤ mit mediterranen Aromen

ZUTATEN FÜR 4 PERSONEN

2 EL Pinienkerne
2 Stiele Petersilie
2 Stiele Basilikum
4 Zweige Thymian
2 Zweige Rosmarin
1 Knoblauchzehe
5 EL Olivenöl
Salz · Pfeffer aus der Mühle
1 Schweinerücken (ca. 1,2 kg)
2 Zwiebeln
100 ml Sherry (medium)
300 ml Gemüse- oder Rinderfond
4 mittelgroße Zucchini

ZUBEREITUNG

1 Die Pinienkerne in einer Pfanne ohne Fett anrösten. Die Kräuter waschen und trocken schütteln. Den Rosmarin beiseitelegen, die Blätter der übrigen Kräuter abzupfen und fein hacken. Den Knoblauch schälen und in feine Würfel schneiden. Die gehackten Kräuter, den Knoblauch, die Pinienkerne und 2 EL Olivenöl mischen. Die Kräutermischung mit Salz und Pfeffer abschmecken.

2 Den Schweinerücken längs von beiden Seiten mit einem scharfen, langen Messer in der Mitte einschneiden. Den Schnitt mit dem Stiel eines Holzkochlöffels etwas weiten. Die Kräutermischung in die Öffnung füllen. Die beiden offenen Enden mit Küchengarn zunähen.

3 Die Zwiebeln schälen und in Spalten schneiden. Das restliche Olivenöl in einem Schmortopf erhitzen und den Schweinerücken darin rundum kräftig anbraten. Die Zwiebelspalten dazugeben und kurz mitbraten. Den Sherry angießen und etwas einkochen lassen. Die Rosmarinzweige auf das Fleisch legen, den Fond dazugießen und zugedeckt bei mittlerer Hitze etwa 50 Minuten schmoren.

4 Die Zucchini putzen, waschen, längs halbieren und in Scheiben schneiden. Nach 30 Minuten Schmorzeit die Zucchinischeiben zum Fleisch geben und zugedeckt weiterschmoren.

5 Den Schweinerücken aus dem Bräter nehmen, die Zucchini mit Salz und Pfeffer abschmecken. Das Fleisch in Scheiben schneiden und mit dem Zucchinigemüse servieren.

Kasseler
mit Sauerkraut und Erbsenpüree

➤ deftiger Inbegriff deutscher Küche

ZUTATEN FÜR 4 PERSONEN

Für das Erbsenpüree:
250 g ungeschälte gelbe Erbsen
1 mehlig kochende Kartoffel · 1 Zwiebel
je ¼ TL getrockneter Majoran
und Thymian · ¼ TL ganzer Kümmel
Salz · Pfeffer aus der Mühle
Für das Sauerkraut und das Kasseler:
1–2 Zwiebeln
1 EL Butterschmalz
1–2 EL Zucker · 600 g Sauerkraut
½ l Rinderbrühe
1 Lorbeerblatt
7 Wacholderbeeren
1 kg Kasseler Rücken · Salz

ZUBEREITUNG

1 Für das Püree die Erbsen am Vortag einweichen. Am nächsten Tag die Kartoffel und die Zwiebel schälen, die Kartoffel waschen und beides in kleine Würfel schneiden.

2 Die Erbsen mit dem Einweichwasser aufkochen, die Kartoffel- und Zwiebelwürfel und die Gewürze hinzufügen. 45 bis 60 Minuten weich kochen, dabei immer wieder umrühren. In ein Sieb abgießen, dabei die Flüssigkeit auffangen. Erbsen und Gemüse pürieren, dabei nach Bedarf etwas Kochflüssigkeit hinzufügen. Mit Salz und Pfeffer abschmecken.

3 Für das Sauerkraut die Zwiebeln schälen und in feine Würfel schneiden. Butterschmalz in einem großen Topf erhitzen und die Zwiebeln darin andünsten. 1 EL Zucker hinzufügen und leicht karamellisieren. Das Sauerkraut dazugeben und kurz mitdünsten. Mit der Brühe auffüllen, das Lorbeerblatt und die Wacholderbeeren hinzufügen. Das Kasseler darauflegen und alles zugedeckt bei schwacher Hitze etwa 45 Minuten köcheln lassen.

4 Das Kasseler aus dem Topf nehmen und in Scheiben schneiden. Das Sauerkraut mit etwas Salz und Zucker abschmecken und auf Teller verteilen. Die Kasselerscheiben darauf anrichten, das Erbsenpüree dazugeben und servieren.

TIPP

Sauerkraut verträgt sich auch gut mit Kümmel oder Gewürznelken. Mit etwas Currypulver erhält man eine schöne Farbe und einen exotischen Geschmack. Besonders fruchtig wird das Kraut durch hinzugefügte Apfel- oder Ananaswürfel.

Kalbsbrust
mit Pilz-Kartoffel-Füllung

➤ die inneren Werte zählen

ZUTATEN FÜR 6–8 PERSONEN

Für die Füllung:

300 g festkochende Kartoffeln
Salz · 100 g Champignons
1 Zwiebel · 1 Knoblauchzehe
2 EL Butter · 1 Bund Petersilie
2 Brötchen (vom Vortag)
1 EL getrockneter Majoran
50 g Pistazienkerne
Pfeffer aus der Mühle
60 g Sahne · 2 Eier

Für die Kalbsbrust:

1 Kalbsbrust (ca. 2 kg)
2 EL Öl · 2 EL flüssige Butter
Salz · Pfeffer aus der Mühle
400 ml Rinderbrühe
100 ml trockener Weißwein
1 Stange Lauch · 1 Möhre
100 g Knollensellerie
6 Schalotten · 2 Tomaten
1 Lorbeerblatt · 1 EL getrockneter Majoran
3 Knoblauchzehen · Zucker

ZUBEREITUNG

1 Für die Füllung die Kartoffeln schälen, waschen und in Würfel schneiden. In kochendem Salzwasser 5 Minuten vorgaren und gut abtropfen lassen. Die Pilze putzen, zunächst in feine Scheiben, dann in kleine Würfel schneiden. Die Zwiebel und den Knoblauch schälen und in feine Würfel schneiden. In der Butter andünsten, die Pilze dazugeben und mitdünsten, bis sie fast gar sind.

2 Die Petersilie waschen, trocken schütteln, die Blätter abzupfen und fein hacken. Die Brötchen in Würfel schneiden und mit der Petersilie, dem Majoran, den Pistazien, den Kartoffeln und der Pilzmischung vermengen. Mit Salz und Pfeffer würzen. Sahne und Eier verquirlen, über die Masse gießen, gut durchmischen und 10 Minuten ziehen lassen.

3 Den Backofen auf 220 °C vorheizen. Mit einem scharfen Messer vorsichtig eine Tasche in die Kalbsbrust schneiden. Die Tasche mit der Kartoffelmasse füllen und mit Küchengarn zunähen.

4 Das Öl in einem Bräter erhitzen und die Kalbsbrust darin rundum anbraten. Mit der Butter einpinseln und mit Salz und Pfeffer würzen. Im Ofen etwa 15 Minuten braten. Die Backofentemperatur auf 180 °C herunterschalten, die Brühe und den Wein angießen. Die Kalbsbrust 2 Stunden schmoren, dabei gelegentlich mit dem Fond beträufeln.

5 Den Lauch putzen und waschen. Möhre, Sellerie und Schalotten putzen bzw. schälen, die Tomaten waschen. Das Gemüse grob zerkleinern, dabei von den Tomaten die Stielansätze entfernen. Das Gemüse nach etwa 1 1/2 Stunden Garzeit mit dem Lorbeerblatt, dem Majoran und den angedrückten ungeschälten Knoblauchzehen zum Fleisch geben und weiterschmoren.

6 Die fertige Kalbsbrust auf ein Backblech setzen. und 30 Minuten im ausgeschalteten Backofen ruhen lassen. Das Gemüse mit einem Schaumlöffel aus dem Bräter heben und zugedeckt warm halten.

7 Die Flüssigkeit durch ein Sieb in einen Topf gießen und etwas einkochen lassen. Die Bratensauce nach Belieben mit Speisestärke leicht binden und mit Salz, Pfeffer und Zucker abschmecken. Das Fleisch in dicke Scheiben schneiden. Mit dem Gemüse und der Sauce servieren.

TIPP

Für eine herbstliche Variante ersetzen Sie die Kartoffeln durch die gleiche Menge Hokkaidokürbis. Den Kürbis dafür nicht schälen!

Kalbshaxe
auf Wurzelgemüse

➤ Wirtshausklassiker

ZUTATEN FÜR 4–6 PERSONEN

2 Zwiebeln · 8 Schalotten
1 Zweig Rosmarin
1 Kalbshaxe (ca. 2 kg; mit Knochen)
Salz · Pfeffer aus der Mühle
2 EL Öl · ½ l Kalbsfond
oder Rinderbrühe
6 junge Möhren
250 g Knollensellerie
1 Lorbeerblatt
200 ml trockener Weißwein
2 EL Sherry (medium)

ZUBEREITUNG

1 Den Backofen auf 200 °C vorheizen. Die Zwiebeln und die Schalotten schälen, die Zwiebeln vierteln. Den Rosmarin waschen und trocken tupfen, die Nadeln abzupfen und grob hacken. Die Kalbshaxe kräftig mit Salz, Pfeffer und dem gehackten Rosmarin einreiben.

2 Das Öl in einem Bräter erhitzen. Zwiebeln und Schalotten darin andünsten. Die Haxe dazugeben und rundum anbraten. Im Ofen etwa 30 Minuten garen. Die Backofentemperatur auf 160 °C herunterschalten. Den Fond dazugießen und die Haxe zugedeckt weitere 2¼ Stunden garen, dabei immer wieder mit Fond begießen.

3 Die Möhren und den Sellerie putzen, schälen, den Sellerie in grobe Stücke schneiden. Nach 1½ Stunden Garzeit die Möhren, den Sellerie und das Lorbeerblatt zur Kalbshaxe in den Bräter geben. Den Wein angießen und weitere 40 bis 45 Minuten schmoren. Die Haxe ist gar, wenn beim Einstechen klarer Saft austritt und sich das Fleisch merklich vom Knochen löst.

4 Die Kalbshaxe herausheben und auf einer Platte anrichten. Das Gemüse mit einem Schaumlöffel aus dem Fond heben und zum Fleisch legen. Den Bratenfond durch ein Sieb in einen Topf gießen und mit dem Sherry kurz aufkochen. Nach Belieben mit Speisestärke leicht binden. Mit Salz und Pfeffer abschmecken.

5 Das Fleisch vom Knochen lösen und in Scheiben schneiden. Mit dem Gemüse und der Sauce servieren. Dazu passen Kartoffeln und Knödel aller Art.

Ossobuco
alla milanese

➤ Schmoren auf Italienisch

ZUTATEN FÜR 4 PERSONEN

4 Zwiebeln
1 Knoblauchzehe
2 Möhren
3 Stangen Staudensellerie
4 Scheiben Kalbshaxe
(mit Knochen; 3 bis 4 cm dick;
beim Metzger vorbestellen)
Salz · Pfeffer aus der Mühle
3 EL Olivenöl
2 EL Mehl
200 ml trockener Weißwein
1 Bund Thymian
400 g stückige Tomaten
(aus der Dose)
1 Bund Petersilie
abgeriebene Schale von
1 unbehandelten Zitrone

ZUBEREITUNG

1 Die Zwiebeln und den Knoblauch schälen und in feine Würfel schneiden. Die Möhren putzen, schälen und in kleine Würfel schneiden. Den Sellerie putzen, waschen und in Scheiben schneiden.

2 Die Kalbshaxenscheiben waschen, trocken tupfen und mit Salz und Pfeffer würzen. Das Olivenöl in einem großen Topf erhitzen. Die Haxenscheiben im Mehl wenden und im Topf auf beiden Seiten kräftig anbraten.

3 Die Haxenscheiben wieder herausnehmen. Das Gemüse im Bratfett anbraten. Den Wein angießen und das Fleisch auf das Gemüse legen.

4 Den Thymian waschen und trocken schütteln. Mit den Tomaten dazugeben und die Kalbshaxenscheiben zugedeckt bei mittlerer Hitze 1½ Stunden schmoren lassen. Den Thymian wieder entfernen.

5 Die Petersilie waschen und trocken schütteln. Die Blätter abzupfen, fein hacken und mit der Zitronenschale zum Ossobuco geben. Die Sauce mit Salz und Pfeffer würzen. Dazu passen Bandnudeln, Safranrisotto oder frisch gebackenes und in Scheiben geschnittenes Ciabattabrot.

Kalbsrollbraten
mit Sellerie-Cannelloni

➤ kleines Kunstwerk

ZUTATEN FÜR 4–6 PERSONEN

Für den Braten:

1½ kg Kalbfleisch (aus dem Nacken; vom Metzger in ein flaches Rechteck schneiden lassen)
Öl für die Folie
Salz · Pfeffer aus der Mühle
2 Knoblauchzehen
1 Bund Basilikum
100 g Pinienkerne
80 g eingelegte Kapern
120 g Pancetta (ital. Bauchspeck; in Scheiben; oder Frühstücksspeck)
3 EL Olivenöl

Für die Cannelloni:

200 g mehlig kochende Kartoffeln
400 g Knollensellerie · 1 EL Butter
200 ml Gemüsebrühe
150 g Parmesan (am Stück)
Salz · Pfeffer aus der Mühle
frisch geriebene Muskatnuss
500 g Cannelloni
Fett für die Form · 150 g Sahne
150 g Crème fraîche

ZUBEREITUNG

1 Für den Braten den Backofen auf 180 °C vorheizen. Das Kalbfleisch zwischen zwei Lagen geölter Frischhaltefolie flach klopfen, sodass ein 2 bis 3 cm dickes Rechteck entsteht. Das Fleisch mit Salz und Pfeffer würzen.

2 Den Knoblauch schälen, das Basilikum waschen, trocken schütteln und die Blätter abzupfen. Knoblauch, Basilikum, Pinienkerne und Kapern fein hacken und auf dem Fleisch verteilen. Das Fleisch aufrollen, die Pancettascheiben um den Braten legen und mit Küchengarn festbinden.

3 Das Olivenöl in einer beschichteten Pfanne erhitzen. Den Braten mit Pfeffer würzen und in der Pfanne rundum 3 bis 4 Minuten anbraten. Auf einem Backblech im Ofen auf der mittleren Schiene 45 bis 60 Minuten braten.

4 Für die Cannelloni die Kartoffeln und den Sellerie schälen und in 1½ cm große Würfel schneiden. In einem Topf in der Butter andünsten, mit der Brühe ablöschen und zugedeckt etwa 30 Minuten weich köcheln. Gegen Ende der Garzeit 5 Minuten offen köcheln, damit die Flüssigkeit verdampfen kann.

5 Den Parmesan reiben. Das Gemüse pürieren und 50 g Parmesan unterrühren. Die Masse mit Salz, Pfeffer und Muskatnuss abschmecken und mit einem Spritzbeutel in die Cannelloni füllen.

6 Eine ofenfeste Form einfetten und die Cannelloni nebeneinander hineinlegen. Sahne, Crème fraîche und den restlichen Parmesan verrühren und über die Cannelloni verteilen. Mit Salz und Pfeffer würzen und 25 Minuten vor Ende der Garzeit des Bratens auf die unterste Schiene schieben und garen.

7 Den fertigen Braten in Scheiben schneiden und mit den Cannelloni auf Tellern anrichten. Nach Belieben mit etwas Basilikum garniert servieren.

TIPP

Servieren Sie dazu gedünstete Frühlingszwiebeln: Dafür 2 Bund Frühlingszwiebeln putzen, waschen und in etwa 6 cm lange Stücke schneiden. Die Frühlingszwiebelstücke in 1 EL Butter andünsten und mit Salz, Pfeffer und etwas Zucker würzen.

Rinder-schmorbraten

auf italienische Art

➤ mit der Würze des Südens

ZUTATEN FÜR 4–6 PERSONEN

1,2 kg Rinderschmorbraten
Salz · Pfeffer aus der Mühle
2 Möhren · 2 Zwiebeln
120 g Knollensellerie
2 Zweige Thymian
1 Zweig Rosmarin
3 Stiele Petersilie
3 EL Öl · 2 EL Butter
2 EL Tomatenmark
200 ml trockener Rotwein
300 ml Rinderfond
50 g getrocknete Tomaten (in Öl)
40 g schwarze Oliven (ohne Stein)
1 EL gehackte Kräuter
(z.B. Thymian, Rosmarin)

ZUBEREITUNG

1 Das Fleisch mit Salz und Pfeffer würzen. Die Möhren, 1 Zwiebel und den Sellerie putzen bzw. schälen und in 1 cm große Stücke schneiden. Die Kräuter waschen, trocken schütteln und zu einem Sträußchen binden.

2 Den Backofen auf 220 °C vorheizen. 2 EL Öl und die Butter in einem Bräter erhitzen und das Fleisch darin gleichmäßig rundum anbraten. Das Gemüse und das Tomatenmark kurz mitrösten. Mit dem Wein ablöschen und das Kräutersträußchen dazugeben. Im Ofen zugedeckt 30 Minuten schmoren.

3 Die Backofentemperatur auf 180 °C herunterschalten. Den Braten weitere 1 bis 1½ Stunden schmoren, dabei mehrfach zunächst mit Rinderfond und dann mit dem entstandenen Bratenfond übergießen.

4 Die restliche Zwiebel schälen und fein hacken. Die Tomaten abtropfen lassen und in grobe Stücke schneiden. Den Schmorbraten aus dem Ofen nehmen, in Alufolie wickeln und ruhen lassen. Die Sauce durch ein Sieb gießen und dabei das Gemüse leicht ausdrücken.

5 Die Zwiebel im restlichen Öl andünsten. Die Tomaten, die Oliven und die gehackten Kräuter dazugeben. Kurz mitdünsten, die passierte Sauce dazugießen und etwas einkochen lassen. Die Sauce nach Belieben mit Speisestärke leicht binden und mit Salz und Pfeffer abschmecken. Den Braten in Scheiben schneiden, auf einer Platte anrichten und mit der Sauce begießen. Dazu passen Tagliatelle.

TIPP

Wenn es besonders edel werden soll, verwenden Sie einen Barolo-Rotwein aus dem Piemont zum Schmoren und servieren ihn auch als Getränk zum Essen. Auch der sardische Cannonau ist wunderbar zum Schmoren geeignet.

Schmorbraten
mit Bärlauchkruste

➤ mit Frühlingsaroma

ZUTATEN FÜR 4–6 PERSONEN

150 g Zwiebeln
je 60 g Möhren, Knollensellerie und Petersilienwurzeln
1 kg Ochsenfleisch (aus der Schulter)
Salz · Pfeffer aus der Mühle
3 EL Öl · 1 TL Tomatenmark
1 TL Zuckerrübensirup
¼ l trockener Rotwein
¾ l Gemüse- oder Rinderbrühe
2 Lorbeerblätter
6 Pimentkörner
2 Gewürznelken
50 g Bärlauch
120 g weiche Butter
150 g Weißbrotbrösel
1 EL geriebener Parmesan
400 g Perlzwiebeln (oder Schalotten)
1 TL Zucker

ZUBEREITUNG

1 Den Backofen auf 140 °C vorheizen. Zwiebeln, Möhren, Sellerie und Petersilienwurzeln putzen, schälen und in kleine Würfel schneiden. Das Ochsenfleisch mit Salz und Pfeffer würzen. In einem Bräter in 2 EL Öl rundum scharf anbraten.

2 Das Fleisch herausnehmen, die Gemüsewürfel im Bräter anrösten. Das Tomatenmark und den Rübensirup kurz mitrösten. Mit dem Wein ablöschen und auf die Hälfte einkochen lassen. Die Brühe dazugießen, Lorbeerblätter, Piment und Nelken hinzufügen und das Fleisch wieder dazugeben. Im Ofen auf der mittleren Schiene zugedeckt 2 Stunden schmoren. Dabei 200 ml Schmorfond abmessen.

3 Inzwischen den Bärlauch waschen, trocken schütteln und die Blätter fein hacken. Die Butter schaumig schlagen und den Bärlauch untermixen. Weißbrot und Parmesan unterrühren. Die Masse mit Salz und Pfeffer abschmecken, in Frischhaltefolie zu einer Rolle formen und kühl stellen.

4 Die Perlzwiebeln in warmem Wasser kurz einweichen, schälen und im restlichen Öl anbraten. Den Zucker einstreuen, leicht karamellisieren und die Zwiebeln darin kurz weiterbraten. Mit dem Schmorfond ablöschen und 20 Minuten weich köcheln.

5 Das Fleisch aus dem Topf nehmen, abtropfen lassen und in eine ofenfeste Form legen. Die Bärlauchkruste in Scheiben schneiden und darauf verteilen. Den Schmorfond durch ein Sieb passieren und auf 350 ml einkochen lassen. Die Perlzwiebeln samt Fond dazugießen und erwärmen.

6 Den Backofengrill einschalten. Das Fleisch unter dem Grill auf der mittleren Schiene 3 bis 4 Minuten überbacken. Zum Servieren das Fleisch in Scheiben schneiden und mit den Perlzwiebeln und der Sauce anrichten. Dazu passen Bandnudeln.

TIPP

Der knoblauchwürzige Bärlauch wird im Mai und Juni vor der Blüte geerntet. Alternativ können Sie 50 g Bärlauchpesto aus dem Glas verwenden.

Sauerbraten
mit Rosinen

➤ traditionelle Hausmannskost

ZUTATEN FÜR 6 PERSONEN

1½ kg Rinderschmorbraten
2 Zwiebeln · 4 Gewürznelken
1 Bund Suppengemüse
300 ml trockener Rotwein

150 ml Weißweinessig
1 Lorbeerblatt
1 TL schwarze Pfefferkörner
1 TL Wacholderbeeren
4 EL Butterschmalz
¼ l Rinderbrühe
4 EL Rosinen
Salz · Pfeffer aus der Mühle
Zucker

ZUBEREITUNG

1 Das Fleisch mit Küchengarn zusammenbinden. Die Zwiebeln schälen und mit den Nelken spicken. Das Suppengemüse putzen, waschen bzw. schälen und in grobe Stücke schneiden.

2 Den Wein, 1½ l Wasser, den Essig und die Gewürze in einem Topf aufkochen und abkühlen lassen. Das Fleisch in eine Schüssel legen, Zwiebeln und Gemüse dazugeben und mit dem Sud übergießen. Zugedeckt im Kühlschrank 2 bis 3 Tage marinieren, dabei gelegentlich wenden.

3 Das Fleisch aus der Marinade nehmen und trocken tupfen. In einem Bräter im Butterschmalz rundum anbraten. Mit der Brühe ablöschen und bei mittlerer Hitze 2 Stunden schmoren. Das Fleisch herausnehmen, in Alufolie wickeln und 10 Minuten ruhen lassen.

4 Für die Sauce die Marinade durch ein Sieb gießen. ⅛ l Marinade zur Schmorflüssigkeit geben. Die Rosinen hinzufügen und die Sauce aufkochen lassen. Mit Salz, Pfeffer und Zucker abschmecken und nach Belieben mit Speisestärke binden. Dazu passen Kartoffelklöße und Rotkohl.

TIPP

Im Rheinland wurde Sauerbraten ursprünglich aus Pferdefleisch hergestellt. Heute wird jedoch Rindfleisch bevorzugt. Besonders in ländlichen Gegenden ist Pferdefleisch noch gelegentlich erhältlich.

Rinderrouladen

mit Gurken und Speck

➤ weckt Kindheitserinnerungen

ZUTATEN FÜR 4 PERSONEN

2 Scheiben durchwachsener Räucherspeck
4 Zwiebeln
4 Gewürzgurken
4 Rinderrouladen (à ca. 180 g)
Salz · Pfeffer aus der Mühle
4 TL scharfer Senf
1 Bund Suppengemüse
4 EL Öl · ¼ l trockener Rotwein
¼ l Rinderbrühe
1 Bund Thymian

ZUBEREITUNG

1 Den Speck quer halbieren. Die Zwiebeln schälen und in feine Ringe schneiden. Die Gewürzgurken längs vierteln.

2 Die Rinderrouladen nebeneinander auf die Arbeitsfläche legen, mit Salz und Pfeffer würzen und mit dem Senf bestreichen. Die Rouladen mit Speck, Gurken und Zwiebeln belegen und von der schmalen Seite her fest aufrollen. Die Enden mit Rouladennadeln oder mit kleinen Holzspießen feststecken oder die Rouladen mit Küchengarn umwickeln.

3 Das Suppengemüse putzen, waschen bzw. schälen und klein schneiden. Das Öl in einer Pfanne erhitzen und die Rouladen darin rundum anbraten. Herausnehmen und das Suppengemüse im Bratfett anbraten. Die Rouladen wieder dazugeben und den Wein und die Brühe angießen.

4 Den Thymian waschen, trocken schütteln und zu den Rouladen geben. Alles zugedeckt etwa 1½ Stunden schmoren lassen. Den Thymian wieder entfernen und die Rouladen herausnehmen.

5 Den Bratenfond durch ein Sieb in einen Topf gießen, dabei das Gemüse etwas ausdrücken. Aufkochen und nach Belieben mit Speisestärke leicht binden. Die Sauce mit Salz und Pfeffer würzen. Die Rouladen mit der Sauce auf Tellern anrichten. Dazu passen Salzkartoffeln oder Kartoffelpüree und Rotkohl.

Sellerie-rostbraten

auf Dill-Speck-Bohnen

➤ feines Fleisch unter zarter Haube

ZUTATEN FÜR 4 PERSONEN

2 EL Öl
4 Rinderfiletscheiben (à ca. 100 g)
Salz · Pfeffer aus der Mühle
350 g Knollensellerie
200 g Butter
100 g Sahne
frisch geriebene Muskatnuss
1 EL gehackte frische Kräuter
(z. B. Thymian, Majoran, Rosmarin)
1 Msp. Ingwerpulver
50 g Paniermehl
400 g breite grüne Bohnen
80 ml Gemüsebrühe
1 EL gehackter Dill
50 g Speckwürfel

ZUBEREITUNG

1 Den Backofen auf 100 °C vorheizen. Ein Ofengitter auf die mittlere Schiene und darunter ein Abtropfblech schieben. Das Öl in einer Pfanne erhitzen. Die Filetscheiben darin bei mittlerer Hitze rundum anbraten, auf das Ofengitter legen und im Ofen auf der mittleren Schiene 20 Minuten rosa durchziehen lassen. Die Filetscheiben mit Salz und Pfeffer würzen und in eine ofenfeste Form legen.

2 Für das Püree den Sellerie putzen, schälen und in Würfel schneiden. 50 g Butter in einem Topf langsam erhitzen, bis sie goldbraun ist und ein nussiges Aroma hat. Durch ein mit Küchenpapier ausgelegtes Sieb gießen. Die Sahne in einem Topf erhitzen und den Sellerie darin zugedeckt 20 Minuten weich dünsten.

3 Den Sellerie in ein Sieb abgießen, dabei den Sud auffangen. Sellerie und die braune Butter mit dem Stabmixer pürieren, dabei etwas Sud dazulaufen lassen. Mit Salz, Pfeffer und Muskatnuss würzen.

4 Für die Kräuterbutter 120 g Butter schaumig rühren. Die Kräuter, den Ingwer und das Paniermehl unterrühren. Mit Salz und Pfeffer würzen, zu einer Rolle formen und zugedeckt kühl stellen.

5 Die Bohnen putzen, waschen, schräg in 1 bis 2 cm breite Stücke schneiden und in kochendem Salzwasser bissfest blanchieren. In ein Sieb abgießen, kalt abschrecken und abtropfen lassen. Die Brühe in einem Topf erhitzen und die Bohnen darin kurz andünsten. Die restliche Butter unterrühren und mit Salz, Pfeffer und Dill würzen. Die Speckwürfel in einer Pfanne ohne Fett bei mittlerer Hitze kross braten und zu den Bohnen geben.

6 Den Backofengrill einschalten. Das Selleriepüree jeweils 1 cm dick auf die Rinderfiletscheiben streichen. Die Kräuterbutter in dünne Scheiben schneiden und diese auf das Selleriepüree legen. Den Rostbraten unter dem Grill auf der mittleren Schiene goldbraun überbacken. Die Dill-Speck-Bohnen auf Teller verteilen und den Sellerierostbraten darauf anrichten.

TIPP

Wer Dill nicht so gerne mag, würzt die Bohnen ganz klassisch mit Bohnenkraut oder im Frühling mit gehacktem Bärlauch. Auch die Kräuterbutter erhält durch etwas Bärlauch noch mehr Würze.

Tafelspitz
mit Bouillonkartoffeln

➤ auf jeder Tafel spitze

ZUTATEN FÜR 4 PERSONEN

Salz
1 kg Tafelspitz
(Rindfleisch aus der Keule)
1 TL schwarze Pfefferkörner
5 Möhren
300 g Knollensellerie
3 Zwiebeln
2 Stangen Lauch
1 kg festkochende Kartoffeln
3/4 l Rinderbrühe
1/2 Meerrettichwurzel
(oder 1–2 TL Meerrettich
aus dem Glas)
100 g Crème fraîche
125 g Sahne
Pfeffer aus der Mühle
2 EL gehackte Petersilie

ZUBEREITUNG

1 In einem großen Topf 2 bis 3 l leicht gesalzenes Wasser aufkochen. Das Fleisch und die Pfefferkörner hineingeben und die Hitze reduzieren. Den Schaum mit der Schaumkelle abschöpfen und das Fleisch bei schwacher Hitze knapp unter dem Siedepunkt 2 bis 3 Stunden gar ziehen lassen.

2 Inzwischen die Möhren und den Sellerie putzen, schälen und in Stifte schneiden. Die Zwiebeln schälen und vierteln. Den Lauch putzen, waschen und klein schneiden. Das Gemüse etwa 30 Minuten vor Ende der Garzeit zum Fleisch geben.

3 Die Kartoffeln schälen, waschen und vierteln. Die Brühe in einem Topf zum Kochen bringen und die Kartoffeln darin zugedeckt bei mittlerer Hitze etwa 20 Minuten garen.

4 Kurz bevor das Fleisch gar ist, den Meerrettich schälen, fein reiben und mit der Crème fraîche verrühren. Die Sahne steif schlagen, vorsichtig unterheben und mit Salz und Pfeffer abschmecken.

5 Beim Tafelspitz die Garprobe machen: Eine Gabel muss ohne Widerstand ins Fleisch gleiten. Das Fleisch aus der Brühe nehmen, abtropfen und kurz ruhen lassen. Die Kartoffeln in ein Sieb abgießen. Den Tafelspitz in Scheiben schneiden, mit dem Gemüse und den Kartoffeln anrichten. Mit Petersilie bestreuen, die Meerrettichsauce dazu servieren.

TIPP

Die Meerrettichsauce wird noch feiner mit Apfel. Dafür 1/2 Apfel waschen, entkernen und mit der Schale fein reiben. Den Apfel mit etwas Zitronensaft beträufeln und unter die Sauce mischen. Wer eine leichtere Creme möchte, ersetzt die Crème fraîche durch Joghurt oder fettarmen Frischkäse.

Lammkeule
mit grünen Bohnen

➤ Kräuteraroma vom Feinsten

ZUTATEN FÜR 4 PERSONEN

3 Zweige Thymian
2 Zweige Rosmarin
1 Bund Basilikum
1 Bund Petersilie
5 Knoblauchzehen
1 unbehandelte Zitrone
4 EL Öl · Salz
Pfeffer aus der Mühle
1/2 TL gemahlener Kreuzkümmel
1 Lammkeule (ca. 1 1/2 kg)
100 ml trockener Rotwein
1 EL Tomatenmark
500 g grüne Bohnen
2 EL Butter

ZUBEREITUNG

1 Den Backofen auf 220 °C vorheizen. Die Kräuter waschen und trocken schütteln. Die Blätter bzw. Nadeln abzupfen und fein hacken. 2 Knoblauchzehen schälen und in feine Würfel schneiden. Die Zitrone heiß waschen, trocken reiben und die Schale abreiben. Das Öl, die Kräuter, den gehackten Knoblauch und die Zitronenschale mischen. Mit Salz, Pfeffer und Kreuzkümmel würzen.

2 Die Lammkeule mit Salz und Pfeffer würzen und mit der Kräutermarinade bestreichen. Die Keule auf ein tiefes Backblech setzen und im Ofen auf der untersten Schiene 20 Minuten braten.

3 Die Backofentemperatur auf 175 °C herunterschalten. Das Fleisch weitere 1 1/2 Stunden braten, dabei gelegentlich mit Bratenfond begießen. Nach 1 Stunde Garzeit den restlichen Knoblauch ungeschält andrücken und hinzufügen.

4 Die Keule aus dem Ofen nehmen, mit Alufolie zudecken und 10 Minuten ruhen lassen. Den Bratenfond durch ein Sieb in einen Topf gießen. Mit dem Wein und dem Tomatenmark verrühren, aufkochen und mit Salz und Pfeffer abschmecken.

5 Die Bohnen putzen und waschen. In kochendem Salzwasser 6 bis 8 Minuten bissfest garen, abgießen, kalt abschrecken und abtropfen lassen. Die Butter in einer Pfanne zerlassen, die Bohnen darin erwärmen. Mit Salz und Pfeffer würzen. Von der Lammkeule dünne Scheiben herunterschneiden. Mit der Bratensauce und den Bohnen auf Tellern oder einer großen Platte anrichten und servieren.

TIPP

Mit der doppelten Menge gemahlenem Kreuzkümmel und 1 TL gemahlenem Koriander in der Gewürzmischung erhält die Keule einen orientalischen Touch. 1/2 TL Harissa-Paste oder -Pulver sorgt für eine angenehme Schärfe.

Lammrücken
mit Krokantkruste

➤ nicht nur zu Ostern

ZUTATEN FÜR 4 PERSONEN

Für den Lammrücken:
2 Lammrücken (à ca. 650 g; mit Knochen)
Salz · Pfeffer aus der Mühle
2 EL Olivenöl · 1 EL Zucker
80 g Pinienkerne
Öl für das Blech
60 g schwarze Oliven (ohne Stein)
100 g weiche Butter
1 TL gehackter Rosmarin
1 EL Paniermehl
Für das Gemüse:
1 weiße Zwiebel · 1 Aubergine
1 rote Paprikaschote
1 mittelgroßer Zucchino
2 EL Olivenöl · 2 Zweige Rosmarin
1 Knoblauchzehe
Salz · Pfeffer aus der Mühle
100 ml Aceto balsamico
100 ml roter Traubensaft (oder Portwein)
50 g Zucker

ZUBEREITUNG

1 Für das Fleisch den Backofen auf 85 °C vorheizen. Das Ofengitter auf die mittlere Schiene und darunter ein Abtropfblech schieben. Die Lammrücken mit Salz und Pfeffer würzen und im Olivenöl auf beiden Seiten je 2 bis 3 Minuten anbraten. Auf dem Ofengitter etwa 50 Minuten garen.

2 Den Zucker in einer Pfanne goldbraun karamellisieren. Die Pinienkerne dazugeben, schnell verrühren und sofort auf ein geöltes Backblech geben. Erkalten lassen und klein hacken. Die Oliven ebenfalls klein hacken. Die Butter schaumig schlagen und den Pinienkrokant, die Oliven, den Rosmarin und das Paniermehl unterrühren. Mit Salz und Pfef-

fer abschmecken. Die Buttermischung in einen Gefrierbeutel geben, mit dem Nudelholz etwa 7 mm dick ausrollen und kühl stellen.

3 Das Gemüse putzen bzw. schälen und waschen. Die Zwiebel, die Aubergine und die Paprika in etwa 2 cm große Stücke schneiden. Den Zucchino in 1 cm breite Scheiben schneiden. Das Olivenöl in einer Pfanne erhitzen. Die Zwiebel-, Auberginen- und Paprikastücke darin anbraten und das Gemüse bei schwacher Hitze 10 Minuten dünsten.

4 Den Rosmarin waschen und trocken tupfen. Mit den Zucchinischeiben und dem ungeschälten angedrückten Knoblauch dazugeben. Weitere 5 Minuten dünsten und mit Salz und Pfeffer würzen. Den Knoblauch und den Rosmarin wieder entfernen und das Gemüse warm halten.

5 Essig, Traubensaft und Zucker sirupartig einkochen lassen. Kurz vor dem Servieren das Gemüse damit marinieren. Aus der Buttermischung Rechtecke in Größe der Lammrücken zurechtschneiden.

6 Das Fleisch aus dem Ofen nehmen, den Backofengrill einschalten. Die Lammrücken mit der Buttermischung belegen und unter dem Grill auf der mittleren Schiene 3 bis 5 Minuten überbacken. Das Fleisch mit dem marinierten Gemüse servieren.

Kaninchen
in Wermutsauce

➤ macht bei Gästen mächtig Eindruck

ZUTATEN FÜR 4 PERSONEN

je 2 rote und gelbe Paprikaschoten
4 Schalotten · 2 Knoblauchzehen
2 Stiele Estragon
1 Kaninchen (1,4 kg; küchenfertig zerteilt)
Salz · Pfeffer aus der Mühle
1 EL Butterschmalz
2 EL Olivenöl · 1 TL Fenchelsamen
⅛ l trockener Wermut (z. B. Noilly Prat)
200 ml Hühnerfond

ZUBEREITUNG

1 Den Backofen auf 220 °C vorheizen. Die Paprikaschoten längs halbieren, entkernen und waschen. Mit der Hautseite nach oben im Ofen garen, bis die Haut Blasen wirft und stark bräunt.

2 Die Paprikaschoten aus dem Backofen nehmen und die Backofentemperatur auf 180 °C herunterschalten. Die Paprikaschoten mit einem feuchten Tuch bedecken und kurz ruhen lassen. Die Paprika häuten und in Streifen schneiden.

3 Die Schalotten und den Knoblauch schälen, die Schalotten in Spalten, den Knoblauch in Scheiben schneiden. Den Estragon waschen und trocken tupfen. Die Kaninchenteile waschen, trocken tupfen und mit Salz und Pfeffer einreiben.

4 Butterschmalz und Olivenöl in einem Bräter erhitzen. Fleisch und Schalotten darin bei mittlerer Hitze rundum anbraten. Knoblauch, Estragon und Fenchelsamen dazugeben und kurz mitbraten.

5 Den Wermut und die Hälfte des Fonds angießen. Mit Salz und Pfeffer würzen und das Fleisch zugedeckt im Ofen etwa 40 Minuten schmoren lassen. Nach 20 Minuten Garzeit die Kaninchenteile wenden. Die Paprikastreifen dazugeben, den restlichen Fond angießen.

6 Die Kaninchenteile und das Gemüse aus der Sauce nehmen. Die Sauce mit Salz und Pfeffer abschmecken. Das Fleisch mit dem Gemüse und der Sauce anrichten und servieren. Dazu passt ein mit Knoblauch gewürztes Kartoffelpüree.

Hasenbraten
mit Salbei und Pinienkernen

➤ macht nicht nur Jäger glücklich

ZUTATEN FÜR 4 PERSONEN

1 Knoblauchzehe
3 Zwiebeln · 1 Möhre
1 Stange Staudensellerie
2 Zweige Salbei
2 frische Lorbeerblätter
1 TL weiße Pfefferkörner
1 TL Wacholderbeeren
1 l trockener Rotwein · Salz
1 Hase (ca. 1,2 kg; küchenfertig zerteilt)
50 g durchwachsener Räucherspeck
2 EL Butterschmalz · 2 EL Pinienkerne
2 EL Rosinen · 1 TL Zimtpulver

ZUBEREITUNG

1 Am Vortag den Knoblauch und 1 Zwiebel schälen und in feine Würfel schneiden. Die Möhre und den Sellerie putzen, schälen bzw. waschen und grob zerkleinern. Den Salbei waschen. Knoblauch, Zwiebel, Gemüse, Salbei und Lorbeerblätter mit den Pfefferkörnern und den Wacholderbeeren zum Wein geben. Mit Salz abschmecken.

2 Die Hasenteile waschen und trocken tupfen. Das Fleisch in eine hohe Form legen. Die Marinade über die Fleischstücke gießen und den Hasen zugedeckt an einem kühlen Ort etwa 24 Stunden marinieren.

3 Die Hasenstücke aus der Marinade nehmen und trocken tupfen. Die Marinade durch ein Sieb gießen. Den Speck in kleine Würfel schneiden.

4 Butterschmalz in einem großen Schmortopf erhitzen und den Speck darin bei mittlerer Hitze unter Rühren auslassen. Die Hasenstücke darin portionsweise rundum kräftig anbraten, jeweils herausnehmen und mit Salz würzen.

5 Die restlichen Zwiebeln schälen und in feine Würfel schneiden. Mit den Pinienkernen und den Rosinen im Bratfett andünsten. Mit 1/4 l Marinade ablöschen und mit Salz und Zimt würzen.

6 Die Hasenstücke in die Sauce geben und zugedeckt bei schwacher Hitze etwa 2 Stunden schmoren, bis das Fleisch zart ist. Bei Bedarf noch etwas Marinade angießen. Die Sauce nochmals mit Salz und Pfeffer abschmecken und nach Belieben mit Speisestärke leicht binden. Mit den Hasenstücken auf Tellern anrichten. Dazu passen Salzkartoffeln, Polenta oder Gnocchi.

Hirschrücken
mit Nusskruste und Maronen

➤ feines Festtagsessen

ZUTATEN FÜR 4 PERSONEN

1 Zweig Rosmarin
3 Zweige Thymian
2 Schalotten
2 EL Butterschmalz
800 g Hirschrücken (ausgelöst)
3 Wacholderbeeren
Salz · Pfeffer aus der Mühle
Öl für die Folie
125 g weiche Butter · 1 Eigelb
100 g gehackte Haselnüsse
50 g Paniermehl

ZUBEREITUNG

1 Den Backofen auf 120 °C vorheizen. Die Kräuter waschen und trocken tupfen. Die Schalotten schälen und in schmale Spalten schneiden. Das Butterschmalz in einer ofenfesten Pfanne erhitzen und den Hirschrücken darin rundum anbraten. Den Rosmarin, 2 Thymianzweige, die Schalottenspalten und 2 zerdrückte Wacholderbeeren in die Pfanne geben. Mit Salz und Pfeffer würzen.

2 Alles auf ein mit geölter Alufolie ausgelegtes Backblech geben und den Hirschrücken im Ofen auf der mittleren Schiene etwa 25 Minuten garen, dabei einmal wenden. Das Fleisch aus dem Ofen nehmen und ruhen lassen.

3 Inzwischen die Butter in einer Schüssel schaumig rühren. Vom restlichen Thymian die Blättchen abzupfen. Mit der übrigen Wacholderbeere im Mörser fein zermahlen. Die Mischung mit dem Eigelb zur Butter geben und alles gut verrühren.

4 Die Haselnüsse in einer beschichteten Pfanne ohne Fett anrösten und abkühlen lassen. Die Nüsse mit dem Paniermehl unter die Butter rühren und mit Salz und Pfeffer würzen. Die Haselnussmasse mit dem Nudelholz zwischen zwei Lagen Frischhaltefolie auf die Größe des Hirschrückens flach streichen und im Kühlschrank fest werden lassen.

5 Den Backofengrill einschalten. Die Haselnussmasse aus dem Kühlschrank nehmen und die Folie entfernen. Die Masse auf den Hirschrücken legen und leicht andrücken. Den Hirschrücken unter dem Grill auf der mittleren Schiene etwa 3 Minuten überbacken, bis die Kruste goldbraun ist. Dazu passen Spätzle, Preiselbeeren und ein kräftiger Rotwein.

Gratinierter Rehrücken

mit Sellerie-Birnen-Püree

➤ Edles für Gäste

ZUTATEN FÜR 4 PERSONEN

je 50 g Haselnuss- und Walnusskerne
3 EL Zucker · 50 g getrocknete schwarze Oliven (ohne Stein)
2 EL weiche Butter
1 EL gehackter Rosmarin
300 g Knollensellerie
4 Birnen · 100 g Sahne · Salz
weißer Pfeffer aus der Mühle
300 ml Glühwein oder trockener Rotwein
1 Msp. Lebkuchengewürz
2 EL Butter
600 g Rehrücken (ausgelöst)

ZUBEREITUNG

1 Die Nüsse mit 1 EL Zucker in einer Pfanne karamellisieren, abkühlen lassen und mit dem Messer fein hacken. Die Oliven ebenfalls hacken. Die weiche Butter mit dem Nusskrokant, den Oliven und dem Rosmarin verkneten. Zwischen zwei Lagen Backpapier ½ cm dick ausrollen und kühl stellen.

2 Den Sellerie putzen, schälen und in 1 cm große Würfel schneiden. In einem Topf im Siebeinsatz mit etwas Wasser zugedeckt etwa 20 Minuten dämpfen. Die Birnen schälen, vierteln und die Kerngehäuse entfernen. Die Birnenviertel in Spalten schneiden und 4 Minuten mit dem Sellerie im Siebeinsatz mitgaren. Die Hälfte der Birnen mit dem Sellerie und der Sahne pürieren. Mit Salz und Pfeffer abschmecken und zugedeckt warm halten.

3 Den Wein, den restlichen Zucker und das Lebkuchengewürz sirupartig einkochen. Die Butter in einer Pfanne erhitzen, den Rehrücken darin rundum anbraten. Mit Sirup bestreichen und erst in Frischhaltefolie, dann in Alufolie wickeln. Im leicht siedenden Wasser etwa 12 Minuten pochieren.

4 Den Backofengrill einschalten. Den Rehrücken aus den Folien wickeln. Die Krokantbutter in Stücke schneiden und auf dem Rehrücken verteilen. Unter dem Grill auf der mittleren Schiene überbacken. Das Selleriepüree nochmals vorsichtig erwärmen.

5 Den Rehrücken in 8 gleich große Stücke teilen und auf Tellern mit dem Selleriepüree anrichten. Mit den restlichen Birnenspalten garniert servieren.

Brathähnchen

mit Zitrone und Fenchel

➤ herrlicher Sommerbraten

ZUTATEN FÜR 4 PERSONEN

1 Hähnchen (ca. 1,4 kg; küchenfertig)
3 unbehandelte Zitronen
2 EL Öl
Salz · Pfeffer aus der Mühle
2 kleine Fenchelknollen
¼ l Hühnerfond
1 EL Honig · 1 EL trockener Sherry

ZUBEREITUNG

1 Das Hähnchen innen und außen waschen und trocken tupfen. Die Zitronen heiß waschen, trocken reiben und die Schale von 1 Zitrone fein abreiben. Die Hälfte der Zitronenschale, 1 EL Öl, Salz und Pfeffer vermischen und das Hähnchen damit einreiben. Alle Zitronen in Spalten schneiden und das Hähnchen damit füllen. Die Schenkel zusammenbinden, die Flügel auf dem Rücken verschränken.

2 Den Backofen auf 200 °C vorheizen. Den Fenchel putzen, waschen, längs vierteln, in Streifen schneiden und in eine ofenfeste Form geben. Das Hähnchen mit den Keulen nach oben darauflegen. Im Ofen auf der mittleren Schiene 50 bis 60 Minuten braten. Zunächst nach und nach den Fond dazugeben, dann das Hähnchen gelegentlich mit dem entstandenen Bratenfond begießen.

3 Das Hähnchen aus dem Ofen nehmen, die Backofentemperatur auf 250 °C erhöhen. Honig, Sherry, die restliche Zitronenschale und das restliche Öl verrühren. Das Hähnchen damit bestreichen und im Ofen auf der untersten Schiene mit der Brustseite nach oben etwa 5 Minuten knusprig braten. Das Zitronenhähnchen mit dem Fenchel auf einer Platte anrichten. Dazu passen Kartoffeln oder Reis.

Poularde

mit Chorizo und Papas arrugadas

➤ kulinarische Grüße von den Kanaren

ZUTATEN FÜR 4 PERSONEN

Für die Poularde:
1 Freilandpoularde (ca. 1,6 kg; küchenfertig)
Salz · Pfeffer aus der Mühle
1 kleines Bund Majoran
1 Bund Petersilie
200 g Chorizo (span. Paprikawurst; in Scheiben; oder Paprikasalami)
1 unbehandelte Zitrone
2 Lorbeerblätter
4 EL Olivenöl

Für das Gemüse:
500 g kleine Möhren (mit Grün)
1 unbehandelte Orange
2 Knoblauchzehen
1 EL flüssige Butter
1 TL Zucker
Salz · Pfeffer aus der Mühle

Für die Kartoffeln:
800 g kleine festkochende Kartoffeln
1 EL Meersalz

ZUBEREITUNG

1 Die Poularde innen und außen waschen, trocken tupfen und mit Salz und Pfeffer einreiben. Mit einem Esslöffelstiel oder Messer die Haut von der Hähnchenbrust vorsichtig anheben, sodass eine Tasche entsteht.

2 Majoran und Petersilie waschen, trocken schütteln und 5 Petersilienstiele beiseitelegen. Von der restlichen Petersilie und dem Majoran die Blätter abzupfen und fein hacken. Die Hälfte der gehackten Kräuter mit einigen Chorizoscheiben unter der Poulardenhaut verteilen.

3 Den Backofen auf 160 °C vorheizen. Die Keulen und Unterschenkel mit einem Messer zwei- bis dreimal 1 cm tief einschneiden. Die restlichen Kräuter in die Schnitte hineinreiben und die restlichen Chorizoscheiben hineinstecken. Die Zitrone heiß waschen, trocken reiben, zweimal längs einschneiden und die Lorbeerblätter hineinstecken. Die Poularde damit füllen, außen mit dem Olivenöl einreiben und mit Küchengarn zusammenbinden. Auf ein tiefes Backblech legen und im Ofen auf der mittleren Schiene 60 bis 70 Minuten braten.

4 Für das Gemüse die Möhren putzen, dabei etwas Grün stehenlassen, und schälen. Die Orange heiß waschen, trocken reiben und achteln. Den Knoblauch ungeschält andrücken. Alles mit den beiseitegelegten Petersilienstielen, der Butter, Zucker, Salz und Pfeffer mischen. Das Gemüse in eine ofenfeste Form geben und mit Alufolie zugedeckt im Ofen auf der untersten Schiene 30 Minuten mitgaren.

5 Für die Papas arrugadas (kanarische Runzelkartoffeln; siehe Tipp) die Kartoffeln waschen und in einen Topf geben. 200 ml Wasser und das Meersalz hinzufügen und ohne Deckel so lange kochen, bis das Wasser verdampft ist. So bildet sich eine Salzschicht um die Kartoffeln. Die Kartoffeln herausnehmen, 30 Minuten vor Ende der Garzeit auf das Backblech mit der Poularde geben und fertig garen.

6 Knoblauch, Orangenstücke und Petersilie aus dem Möhrengemüse nehmen, in ein Sieb geben und über den Möhren ausdrücken. Das Möhrengemüse mit Salz und Pfeffer abschmecken. Das Brathähnchen auf einer Platte anrichten und mit Meersalzkartoffeln und Möhrengemüse servieren.

TIPP

Papas arrugadas sind eine kanarische Spezialität. Im Original erhalten sie ihre Salzkruste durch das Kochen in Meerwasser. Die Kartoffelschale schützt dabei vor einem allzu salzigen Geschmack.

Coq au vin

mit Champignons und Röstbrot

➤ **Spezialität aus Frankreich**

ZUTATEN FÜR 4 PERSONEN

1 Hähnchen (1½ kg; küchenfertig; mit Leber)
Salz · Pfeffer aus der Mühle
150 g durchwachsener Räucherspeck
12 Schalotten
250 g braune Champignons (Egerlinge)
80 g Butterschmalz
1 EL Mehl · 2 cl Cognac
½ l trockener Rotwein (z. B. Spätburgunder)
½ l Hühnerbrühe
1 Knoblauchzehe
½ Bund Petersilie
1 Zweig Thymian
1 Lorbeerblatt
8 Scheiben Weißbrot
50 g eiskalte Butter

ZUBEREITUNG

1 Das Hähnchen innen und außen waschen, trocken tupfen und in 8 Stücke teilen. Mit Salz und Pfeffer einreiben. Die Leber beiseitelegen. Den Speck in kleine Würfel schneiden, die Schalotten schälen. Die Pilze putzen und vierteln.

2 In einem Bräter 50 g Butterschmalz erhitzen und die Speckwürfel darin auslassen. Schalotten und Pilze dazugeben und einige Minuten mit anbraten. Aus dem Bräter nehmen und beiseitestellen.

3 Die Hähnchenteile mit Mehl bestäuben. Zuerst die Keulen im heißen Fett anbraten, dann die Bruststücke dazugeben und bei starker Hitze rundum goldbraun braten. Die Hähnchenteile mit dem Cognac begießen. Den Wein und die Brühe dazugießen und aufkochen lassen.

4 Pilze, Speck und Schalotten wieder in den Bräter geben. Knoblauch, Petersilie, Thymian und Lorbeerblatt zusammenbinden und dazugeben. Das Fleisch zugedeckt bei schwacher Hitze 1 ¼ Stunden schmoren.

5 Die Hähnchenteile, das Gemüse und das Kräutersträußchen aus dem Bräter nehmen. Die Sauce durch ein Sieb in einen Topf gießen. Die Leber von Fett und Sehnen befreien, im Mixer fein pürieren und unter die Sauce mischen.

6 Das Weißbrot zu Dreiecken schneiden. Das restliche Butterschmalz in einer Pfanne erhitzen und das Brot darin auf beiden Seiten goldbraun rösten.

7 Die Butter mit einem Schneebesen in kleinen Flöckchen unter die Sauce schlagen. Nicht mehr kochen lassen! Die Hähnchenteile mit dem Gemüse auf einer Platte anrichten und die Sauce darübergießen. Dazu das Röstbrot servieren.

Hähnchenkeulen
mit Calvados und Steinpilzen

➤ herbstlicher Genuss

ZUTATEN FÜR 4–6 PERSONEN

8 Hähnchenkeulen
Salz · Pfeffer aus der Mühle
4 Schalotten
1 Knoblauchzehe
250 g Steinpilze
2 Zweige Thymian
3 EL Butterschmalz
1 EL Mehl · 4 cl Calvados
⅛ l Hühnerbrühe
2 säuerliche Äpfel (z. B. Boskop)
2 EL Butter
125 g Crème fraîche
2 Eigelb

ZUBEREITUNG

1 Die Hähnchenkeulen waschen, trocken tupfen und mit Salz und Pfeffer einreiben. Schalotten und Knoblauch schälen und in feine Würfel schneiden. Die Steinpilze putzen und in Scheiben schneiden. Den Thymian waschen und trocken tupfen.

2 Das Butterschmalz in einem Bräter erhitzen. Die Hähnchenkeulen mit Mehl bestäuben und mit dem Thymian im Bräter rundum braun braten. Die Keulen herausnehmen, die Schalotten, den Knoblauch und die Pilze im Bratfett anbraten. Die Keulen wieder dazugeben, den Calvados angießen und flambieren. Die Brühe dazugießen und alles bei mittlerer Hitze etwa 35 Minuten schmoren.

3 Die Äpfel schälen, vierteln, die Kerngehäuse entfernen und die Apfelviertel in schmale Spalten schneiden. Die Butter erhitzen und die Apfelspalten darin hellbraun braten. Die Hähnchenkeulen aus dem Bräter nehmen, den Thymian entfernen.

4 Die Crème fraîche mit den Eigelben verquirlen und unter den Bratenfond rühren, die Sauce nicht mehr kochen. Mit Salz und Pfeffer abschmecken. Die Hähnchenkeulen mit den Apfelspalten und der Steinpilzsauce servieren.

Putenrollbraten
mit Wirsing-Bergkäse-Füllung

➤ mit herzhafter Füllung

ZUTATEN FÜR 4–6 PERSONEN

1 kg Putenbrust (am Stück)
Öl für die Folie
300 g Wirsing · 50 g Butter
1 TL Currypulver
Salz · Pfeffer aus der Mühle
100 g Bergkäse (am Stück)
30 g Sonnenblumenkerne

2 Eier · 1–2 EL Paniermehl
3 EL Öl · 1 Zwiebel · 2 Tomaten
¼ l trockener Weißwein
¼ l Hühnerbrühe

ZUBEREITUNG

1 Die Putenbrust im oberen Drittel längs einschneiden und dieses Stück beiseiteklappen. Dann in die dickere Fleischhälfte von der Mitte aus nach außen schneiden, aber nicht durchschneiden. Das Fleisch auseinanderklappen und zwischen zwei Lagen geölter Frischhaltefolie mit der flachen Seite des Fleischklopfers vorsichtig flach klopfen.

2 Den Wirsing putzen, waschen und in feine Streifen schneiden. 3 EL Butter in einer großen Pfanne erhitzen und den Wirsing darin einige Minuten unter Rühren bissfest braten. Mit Curry, Salz und Pfeffer würzen.

3 Den Wirsing abkühlen lassen. Den Käse reiben. Die Sonnenblumenkerne in einer beschichteten Pfanne ohne Fett anrösten. Eier, den geriebenen Käse und die Sonnenblumenkerne mit dem Wirsing mischen und so viel Paniermehl hinzufügen, bis eine streichfähige Masse entsteht. Nach Belieben nochmals abschmecken.

4 Den Backofen auf 160 °C vorheizen. Die Füllung gleichmäßig auf dem Fleisch verstreichen, dabei rundum einen schmalen Rand lassen. Das Fleisch von der schmalen Seite her aufrollen und mit Küchengarn zusammenbinden. Die restliche Butter und das Öl in einem Bräter erhitzen und den Rollbraten darin rundum anbraten.

5 Die Zwiebel schälen, die Tomaten waschen und die Stielansätze entfernen. Beides in Stücke schneiden, zum Rollbraten geben und kurz mitbraten. Mit dem Wein ablöschen und im Ofen auf der mittleren Schiene 1 Stunde schmoren, dabei gelegentlich mit dem entstandenen Bratenfond begießen.

6 Das Fleisch herausnehmen und warm halten. Den Bratenfond mit der Brühe aufgießen und mit einem Stabmixer pürieren. Die Sauce durch ein Sieb in einen Topf gießen und einige Minuten köcheln lassen. Nach Belieben mit Speisestärke leicht binden. Mit Salz und Pfeffer abschmecken. Den Braten in Scheiben schneiden und mit der Sauce servieren.

Putenkeule
mit Salsa verde und Grillgemüse

➤ das schmeckt nach Urlaub

ZUTATEN FÜR 4 PERSONEN

Für die Putenkeule:
2 Putenkeulen (à 600 g)
Salz · Pfeffer aus der Mühle
1 Bund gemischte Kräuter
(z. B. Rosmarin, Thymian, Salbei)
8 Knoblauchzehen · 1 unbehandelte Zitrone
700 ml Olivenöl
Für die Salsa verde:
2 Bund Petersilie · 2 Bund Basilikum
2 Knoblauchzehen · 1 EL eingelegte Kapern
3 Sardellenfilets (in Öl)
1 EL Dijon-Senf · 2 EL Weißweinessig
80–100 ml Olivenöl
Salz · Pfeffer aus der Mühle
Für das Gemüse:
je 1 rote und gelbe Paprikaschote
1 weiße Zwiebel · 2 Zucchini
1 Aubergine · ½ Bund Rosmarin
1 Knoblauchzehe · 80 ml Olivenöl
Salz · Pfeffer aus der Mühle

ZUBEREITUNG

1 Für die Putenkeule den Backofen auf 140 °C vorheizen. Die Putenkeulen waschen, trocken tupfen, mit Salz und Pfeffer einreiben und nebeneinander in eine ofenfeste Form legen. Die Kräuter waschen

und trocken schütteln. Den Knoblauch ungeschält andrücken. Die Zitrone heiß waschen, trocken reiben, die Schale abreiben und den Saft auspressen.

2 Das Olivenöl erwärmen. Den Knoblauch, die Zitronenschale, bis auf 1 TL, und die Kräuter hineingeben. Über die Keulen gießen und das Fleisch im Ofen auf der untersten Schiene 2 ½ bis 3 Stunden weich schmoren.

3 Für die Salsa verde Petersilie und Basilikum waschen, trocken schütteln und die Blätter abzupfen. Den Knoblauch schälen. Kapern, Kräuter, Knoblauch, Sardellen, Senf und Essig im Küchenmixer pürieren. Das Olivenöl untermixen, mit Salz und Pfeffer abschmecken.

4 Für das Gemüse die Paprika längs halbieren, entkernen, waschen und vierteln. Die Zwiebel schälen, in dünne Ringe schneiden. Zucchini und Aubergine putzen, waschen und in Scheiben schneiden.

5 Den Rosmarin waschen, trocken schütteln, die Nadeln abzupfen und fein hacken. Den Knoblauch ungeschält andrücken. Alles mit dem Öl in eine Schüssel geben. Mit Salz, Pfeffer und etwas Zitronensaft würzen und 20 Minuten ziehen lassen.

6 Die Putenkeulen aus dem Ofen nehmen, trocken tupfen und in Alufolie wickeln. Die Ofentemperatur auf 220 °C erhöhen. Das Gemüse auf ein Backblech geben und im Ofen auf der mittleren Schiene 15 bis 20 Minuten braten, bis es leicht gebräunt ist. Nach der Hälfte der Garzeit wenden. Die Paprika häuten. Gemüse in einer Schüssel mit der restlichen Zitronenschale gut mischen und warm halten.

7 Den Backofengrill einschalten. Die Putenkeulen auf dem Ofengitter unter dem Grill auf der untersten Schiene 10 bis 15 Minuten braten, bis sie gut gebräunt sind. Die Keulen mit dem Grillgemüse und der Salsa verde servieren.

Putenbraten

mit Ananas und Tomaten

➤ asiatisch inspiriert

ZUTATEN FÜR 4–6 PERSONEN

1,2 kg Putenbrust
Salz · weißer Pfeffer aus der Mühle
2 EL Öl · 1 EL rote Currypaste
800 ml Kokosmilch
Saft von 1 Limette
6 Kaffir-Limettenblätter
1 ½ EL Palmzucker oder Rohrzucker
3 EL Fischsauce
300 g Cocktailtomaten
½ Ananas
1 Bund Thai-Basilikum
2 rote Chilischoten

ZUBEREITUNG

1 Die Putenbrust von Fett und Sehnen befreien, waschen und trocken tupfen. Mit Salz und Pfeffer würzen. Das Öl in einer Pfanne erhitzen und die Putenbrust darin 5 Minuten rundum anbraten. Die Putenbrust in einen Bräter legen.

2 Den Backofen auf 130 °C vorheizen. Die Currypaste in einem Topf mit 3 EL Kokosmilch erhitzen und 3 bis 4 Minuten köcheln. Die restliche Kokosmilch dazugießen und gut verrühren. Limettensaft, Limettenblätter, Palmzucker und Fischsauce dazugeben und aufkochen lassen. Die Sauce über die Putenbrust gießen. Die Putenbrust im Ofen auf der untersten Schiene 1 ½ bis 2 Stunden garen.

3 Die Cocktailtomaten überbrühen und häuten. Die Ananas schälen, den Strunk herausschneiden und das Fruchtfleisch in 2 cm große Stücke schneiden.

4 Die Tomaten und die Ananasstücke 30 Minuten vor Ende der Garzeit in die Sauce geben und fertig garen. Das Thai-Basilikum waschen, trocken

schütteln und die Blätter abzupfen. Einige Blätter für die Deko beiseitelegen, die restlichen Blätter kurz vor Ende der Garzeit unter die Sauce rühren.

5 Die Chilischoten längs halbieren, entkernen, waschen und in feine Streifen schneiden. Die Putenbrust in dünne Scheiben schneiden und mit der Ananas-Tomaten-Sauce auf Tellern anrichten. Mit Chilistreifen und Basilikumblättern garnieren.

Ente
mit Rotkohl und Kartoffelknödeln

➤ für Liebhaber der deftigen Küche

ZUTATEN FÜR 4 PERSONEN

Für die Ente:

1 Ente (2½ kg; küchenfertig)
Salz · Pfeffer aus der Mühle
1 TL getrockneter Majoran
1 Bund Suppengemüse · 1 EL Öl
¼ l Hühnerbrühe

Für den Rotkohl:

1 Kopf Rotkohl (ca. 1 kg) · 2 Zwiebeln
4 säuerliche Äpfel (z. B. Boskop)
2 EL Schweine- oder Gänseschmalz
3–4 EL Obstessig
2 Gewürznelken · 1 Lorbeerblatt
1–2 EL Zucker · Salz

Für die Knödel:

1 kg mehlig kochende Kartoffeln
Salz · 2 Eigelb
1 EL Speisestärke

ZUBEREITUNG

1 Für die Ente den Backofen auf 220 °C vorheizen. Die Ente außen und innen waschen, trocken tupfen und mit Salz, Pfeffer und Majoran einreiben. Das Suppengemüse putzen bzw. schälen, waschen und in Würfel schneiden. Das Öl in einem Bräter erhitzen und das Gemüse darin anbraten.

2 Die Ente mit der Brustseite nach unten in den Bräter legen und die Brühe dazugießen. Im Ofen auf der mittleren Schiene 30 Minuten braten. Die Backofentemperatur auf 180 °C herunterschalten und die Ente weitere 1½ Stunden braten.

3 Die Ente wenden und so lange braten, bis sie gebräunt ist, dabei immer wieder mit dem entstandenen Bratenfond begießen. Die Ente aus dem Bräter nehmen, tranchieren und im ausgeschalteten Ofen warm halten. Die Sauce durch ein Sieb in einen Topf gießen, das Gemüse ausdrücken und die Sauce entfetten. Die Sauce etwas einkochen lassen und mit Salz und Pfeffer würzen.

4 Für den Rotkohl den Kohl putzen, waschen und den harten Strunk entfernen. Die Blätter in Streifen schneiden oder hobeln. Die Zwiebeln schälen, die Äpfel schälen, vierteln und die Kerngehäuse entfernen. Zwiebeln und Äpfel in Würfel schneiden.

5 Das Schmalz erhitzen und die Zwiebeln darin andünsten. ⅛ l Wasser dazugeben. Mit 3 EL Essig, Nelken, Lorbeerblatt, Zucker und Salz würzen. Aufkochen und den Rotkohl und die Äpfel dazugeben. Den Rotkohl zugedeckt 30 bis 40 Minuten garen, sodass er noch Biss hat. Den fertigen Rotkohl mit Essig, Zucker und Salz abschmecken.

6 Für die Knödel 300 g Kartoffeln waschen und in Salzwasser 20 bis 25 Minuten weich kochen. In ein Sieb abgießen, ausdampfen lassen, pellen und durch die Kartoffelpresse in eine Schüssel drücken. Die restlichen Kartoffeln schälen, waschen, fein reiben und in einem Küchentuch kräftig ausdrücken.

7 Rohe und gegarte Kartoffeln mit den Eigelben und der Stärke mischen und mit Salz würzen. Aus der Masse Knödel formen und in reichlich siedendem Salzwasser etwa 20 Minuten gar ziehen lassen. Abtropfen lassen und mit der Ente, dem Rotkohl und der Sauce servieren.

Gänsebrust
mit Apfel-Sellerie-Salat

➤ für besondere Anlässe

ZUTATEN FÜR 4 PERSONEN

Für die Gänsebrust:

2 Gänsebrustfilets (à 500–600 g; ausgelöst, Knochen klein gehackt)
2 EL Öl · Salz · Pfeffer aus der Mühle
600 g Gänseschmalz
200 g Zwiebelwürfel
1 Bund Thymian · 1 Bund Beifuß
5 Knoblauchzehen · 10 g Ingwer
abgeriebene Schale von ½ unbehandelten Orange
½ l Gänsefond · 80 ml Aceto balsamico
2 EL Pflaumenmus

Für den Salat:

600 g Knollensellerie
1 TL Puderzucker · 1 EL flüssige Butter
Salz · Pfeffer aus der Mühle
30 g Pinienkerne
2 Äpfel (z.B. Boskop, Braeburn)
3 EL Apfelessig · 3 EL Olivenöl
4 Stiele Basilikum

ZUBEREITUNG

1 Den Backofen auf 220 °C vorheizen. Für die Gänsebrust die Gänseknochen mit dem Öl mischen und auf einem Backblech im Ofen auf der mittleren Schiene 20 Minuten rösten. Die Gänsebrustfilets waschen und trocken tupfen. Die Haut der Gänsebrustfilets im Abstand von 1 cm schräg einschneiden und mit Salz und Pfeffer würzen. Das Fleisch in eine ofenfeste Form legen.

2 In einem Topf 1 EL Gänseschmalz erhitzen und die Zwiebelwürfel 2 bis 3 Minuten darin anbraten. Das restliche Schmalz dazugeben und erhitzen. Thymian und Beifuß waschen und trocken schütteln. Den Knoblauch ungeschält andrücken. Den Ingwer schälen und in Scheiben schneiden. Thymian, Beifuß, Knoblauch, Ingwer und Orangenschale mit dem Gänseschmalz mischen und zu den Gänsebrustfilets geben. Das Fleisch sollte ganz vom Fett bedeckt sein. Die Knochen aus dem Ofen nehmen, die Backofentemperatur auf 100 °C herunterschalten. Das Fleisch im Ofen auf der mittleren Schiene etwa 2 ½ Stunden garen.

3 Für den Salat den Sellerie putzen, schälen und in etwa 1 cm große Würfel schneiden. Mit Puderzucker und der flüssigen Butter mischen und mit Salz und Pfeffer würzen. In einer ofenfesten Form zugedeckt im Backofen auf der untersten Schiene 40 Minuten mit den Gänsebrustfilets mitgaren.

4 Die Gänseknochen in einen Topf geben, mit Fond aufgießen und zugedeckt 30 Minuten köcheln lassen. Den Fond durch ein Sieb in einen kleineren Topf gießen. Essig und Pflaumenmus dazugeben und die Sauce auf etwa 200 ml einkochen lassen. Nach Belieben mit Speisestärke leicht abbinden. Mit Salz und Pfeffer würzen.

5 Für den Salat die Pinienkerne in einer Pfanne ohne Fett anrösten. Die Äpfel schälen, entkernen und wie den Sellerie in etwa 1 cm große Würfel schneiden. Sellerie- und Apfelwürfel in einer Schüssel mischen und mit Essig und Olivenöl marinieren. Mit Salz und Pfeffer abschmecken. Das Basilikum waschen und trocken tupfen. Die Blätter abzupfen und in Streifen schneiden. Pinienkerne und Basilikumstreifen unter den Salat heben.

6 Die Gänsebrustfilets aus dem Ofen nehmen. Den Backofengrill einschalten. Die Filets aus dem Fett nehmen, mit Küchenpapier trocken tupfen und mit etwas Salz bestreuen. Auf dem Ofengitter unter dem Grill auf der mittleren Schiene 5 bis 10 Minuten braten, bis die Haut kross ist. Die Gänsbrustfilets in dicke Scheiben schneiden und mit der Sauce und dem Apfel-Sellerie-Salat servieren.

Schweinefilet
mit gemischten Pilzen

➤ Grüße aus dem Reich der Mitte

ZUTATEN FÜR 4 PERSONEN

500 g Schweinefilet · 4 EL Sojasauce
1 EL Speisestärke
½ TL Ingwerpulver · 5 EL Öl
je 150 g Austernpilze und Shiitakepilze
1 Bund Frühlingszwiebeln
2 Knoblauchzehen · 20 g Ingwer
je 1 rote und grüne Chilischote
Salz · Pfeffer aus der Mühle · Zucker

ZUBEREITUNG

1 Das Schweinefilet in schmale Streifen schneiden. Sojasauce, Speisestärke, Ingwerpulver und 1 EL Öl verrühren. Mit dem Fleisch in einer flachen Schale mischen und zugedeckt etwa 2 Stunden marinieren. Die Pilze putzen, trocken abreiben und in mundgerechte Stücke schneiden, bei größeren Pilzen die Stiele entfernen.

2 Die Frühlingszwiebeln putzen, waschen und schräg in etwa 5 cm lange Stücke schneiden. Knoblauch und Ingwer schälen und in feine Würfel schneiden. Die Chilischoten längs halbieren, entkernen, waschen und in feine Streifen schneiden.

3 Das Fleisch aus der Marinade nehmen und abtropfen lassen. Den Wok erhitzen und 2 EL Öl hineingeben. Knoblauch und Ingwer darin andünsten. Das Fleisch dazugeben, unter Rühren 2 bis 3 Minuten braten und an den Rand schieben. Die Pilze im restlichen Öl unter Rühren scharf anbraten.

4 Die Frühlingszwiebeln hinzufügen und kurz mitbraten. Fleisch und Pilze mischen und die Marinade unterrühren. Aufkochen und mit Salz, Pfeffer und Zucker würzen. Mit den Chilistreifen bestreut servieren. Dazu passen chinesische Eiernudeln.

Schweinefleisch
süßsauer mit Ananas und Paprika

➤ Asia-Genuss ohne Schärfe

ZUTATEN FÜR 4 PERSONEN

500 g Schweinefilet
40 g Ingwer · 4 Knoblauchzehen
3 rote Chilischoten · 250 g Tomaten
1 kleine Ananas (ca. 500 g)
2 EL Sesamöl · 2 EL Erdnussöl
¼ l Hühnerbrühe
4 EL helle Sojasauce
4 EL Reisessig
4 TL trockener Sherry · 2 EL Zucker
2 gestr. TL Speisestärke

ZUBEREITUNG

1 Das Schweinefilet in schmale Streifen schneiden. Den Ingwer schälen und in feine Scheiben schneiden. Den Knoblauch schälen und in feine Würfel schneiden. Die Chilischoten längs halbieren, entkernen, waschen und in feine Streifen schneiden.

2 Die Tomaten überbrühen, häuten, vierteln, entkernen und in schmale Streifen schneiden. Die Ananas schälen, vierteln, den harten Strunk entfernen und das Fruchtfleisch in mundgerechte Stücke schneiden.

3 Den Wok erhitzen, die beiden Ölsorten hineingeben und das Fleisch darin rundum kräftig anbraten. Ingwer, Knoblauch und Chili dazugeben und kurz mitbraten. Tomaten und Ananas hinzufügen und ebenfalls kurz mitbraten. Drei Viertel der Brühe, Sojasauce, Essig, Sherry und Zucker dazugeben und alles mischen.

4 Die Stärke mit der restlichen Brühe anrühren und gleichmäßig über das Fleisch gießen. Unter Rühren einige Minuten köcheln lassen, bis die Sauce leicht angedickt ist. Mit Basmatireis servieren.

Schweinefilet
mit Wirsing und Pilzen

➤ Deftiges aus dem Wok

ZUTATEN FÜR 4 PERSONEN

½ Kopf Wirsing (ca. 500 g)
200 g Shiitakepilze
1 Zwiebel · 2 Knoblauchzehen
500 g Schweinefilet · Salz
Pfeffer aus der Mühle · 3 EL Öl
1 TL geriebener Ingwer
1 EL Currypulver · 100 ml Rinderbrühe
3 EL Sojasauce
1 EL gehackte Petersilie

ZUBEREITUNG

1 Vom Wirsing die äußeren Blätter und den Strunk entfernen. Die Blätter in feine Streifen schneiden, waschen und abtropfen lassen. Die Pilze putzen, trocken abreiben und in Scheiben schneiden. Die Zwiebel und den Knoblauch schälen und in feine Würfel schneiden.

2 Das Schweinefilet in schmale Streifen schneiden. Mit Salz und Pfeffer würzen. Den Wok erhitzen und das Öl hineingeben. Das Fleisch darin bei starker Hitze rundum kräftig anbraten, herausnehmen und warm halten.

3 Die Hitze reduzieren. Wirsing, Pilze, Zwiebel und Knoblauch nach und nach unter Rühren anbraten. Mit Ingwer, Currypulver und Pfeffer würzen, Brühe und Sojasauce dazugießen. Kurz aufkochen lassen, das Schweinefilet und die Petersilie untermischen. Dazu passen chinesische Eiernudeln oder Reis.

TIPP

Wirsing ist in China kaum bekannt. Andere Kohlsorten werden aufgrund ihrer wertvollen Inhaltsstoffe jedoch sehr geschätzt. Besonders beliebt sind Weißkohl, Chinakohl, Brokkoli und Pak Choi.

Schweinepfeffer
mit Kräuterschmand

➤ süßsauer abgeschmeckt

ZUTATEN FÜR 4–6 PERSONEN

Für den Schweinepfeffer:
800 g Gemüsezwiebeln
1 kg Schweinegulasch
(aus Nacken oder Keule)
1 Bund Thymian · ½ l trockener Rotwein
¼ l Rotweinessig
15 schwarze Pfefferkörner
2 Lorbeerblätter
5 Wacholderbeeren
2 EL Öl · 1 EL Tomatenmark
1,2 l Kalbsfond · 50 g Pumpernickel
2 EL Apfelmus · 1 EL Zuckerrübensirup
Salz · Pfeffer aus der Mühle
Für den Kräuterschmand:
½ Knoblauchzehe
1 EL gehackte gemischte Kräuter
(z.B. Rosmarin, Thymian, Petersilie)
120 g Schmand
Salz · Pfeffer aus der Mühle

ZUBEREITUNG

1 Für den Schweinepfeffer am Vortag die Zwiebeln schälen und in feine Würfel schneiden. Das Fleisch in 3 cm große Stücke schneiden. Den Thymian waschen und trocken schütteln. Zwiebeln, Fleisch und Thymian mit Wein, Essig und Gewürzen in einer großen Schüssel mischen. Das Fleisch 24 Stunden marinieren, dabei gelegentlich wenden.

2 Am nächsten Tag den Backofen auf 160 °C vorheizen. Die Marinade durch ein Sieb in einen Topf gießen und aufkochen. Das Fleisch mit den Zwiebeln auf dem Sieb gut abtropfen lassen und im Öl in einem Bräter rundum anbraten. Das Tomatenmark kurz mitbraten, mit der Marinade ablöschen und auf die Hälfte einkochen lassen.

3 Den Fond dazugießen, das Fleisch im Ofen auf der untersten Schiene zugedeckt 2 bis 2 1/2 Stunden weich schmoren.

4 Das Fleisch aus der Sauce nehmen, die Sauce durch ein Sieb passieren und etwas einkochen lassen. Pumpernickel grob zerbröseln, mit dem Apfelmus und dem Rübensirup in die Sauce geben und kurz aufkochen. Das Schweinefleisch in der Sauce erwärmen und mit Salz und viel Pfeffer würzen.

5 Für den Kräuterschmand den Knoblauch schälen und in feine Würfel schneiden. Mit den Kräutern unter den Schmand rühren und mit Salz und Pfeffer abschmecken. Den Schweinepfeffer auf tiefe Teller verteilen, mit dem Kräuterschmand servieren. Dazu passen Knödel, Spätzle oder Bandnudeln.

TIPP

Noch bekannter ist Hasenpfeffer. Dafür einen küchenfertigen Hasen (1 1/2 kg) waschen, trocken tupfen, zerteilen und wie im Rezept verarbeiten.

Schweinegulasch

nach Szegediner Art

➤ **Ungarn lässt grüßen**

ZUTATEN FÜR 4 PERSONEN

4 Zwiebeln · 2 Knoblauchzehen
1 kg Schweinefleisch (aus der Schulter)
1 EL Schweineschmalz
4 Wacholderbeeren
1 Lorbeerblatt
1 TL ganzer Kümmel
1 EL Paprikapulver (edelsüß)
1 EL Tomatenmark
400 g Sauerkraut
700 ml Gemüsebrühe
1–2 EL Zucker
4 TL Crème fraîche
Salz · Pfeffer aus der Mühle
1 TL abgeriebene unbehandelte Zitronenschale

ZUBEREITUNG

1 Die Zwiebeln und den Knoblauch schälen, halbieren und in schmale Scheiben schneiden. Das Fleisch in mundgerechte Würfel schneiden.

2 Das Schweineschmalz in einem großen Topf erhitzen und die Zwiebeln darin andünsten. Das Fleisch dazugeben und unter gelegentlichem Rühren rundum anbraten. Den Knoblauch hinzufügen und einige Minuten mitbraten.

3 Die Wacholderbeeren andrücken. Mit dem Lorbeerblatt, dem Kümmel, dem Paprikapulver und dem Tomatenmark unter das Gulasch rühren und kurz mitbraten. Das Sauerkraut, die Brühe und 1 EL Zucker dazugeben. Das Gulasch bei schwacher Hitze 1 Stunde köcheln lassen.

4 Die Crème fraîche unter das Gulasch rühren und noch einige Minuten garen. Mit Salz, Pfeffer und Zucker abschmecken.

5 Das Gulasch vom Herd nehmen. Die abgeriebene Zitronenschale unterrühren und 5 Minuten ziehen lassen. Das Schweinegulasch auf Tellern anrichten und nach Belieben mit Petersilie garnieren. Dazu passen Salzkartoffeln oder Weißbrot.

TIPP

Rote und grüne Paprikaschoten sind eine willkommene Ergänzung für das Gulasch: 1 Paprikaschote längs halbieren, entkernen, waschen und in Streifen schneiden. Mit dem Sauerkraut zum Gulasch geben. Wer das Gulasch schärfer mag, gibt 1 TL rosenscharfes Paprikapulver dazu.

Kalbsragout
mit Kräutern und Oliven

➤ mediterran gewürzt

ZUTATEN FÜR 4 PERSONEN

700 g Kalbfleisch
(aus Schulter oder Nacken)
200 g Tomaten
1 Zweig Rosmarin
5 Salbeiblätter · 1 Zwiebel
2 Knoblauchzehen
3 EL Olivenöl
1 Lorbeerblatt
⅛ l trockener Weißwein
50 g grüne Oliven (ohne Stein)
Salz · Pfeffer aus der Mühle

ZUBEREITUNG

1 Das Kalbfleisch in Würfel schneiden. Die Tomaten überbrühen, häuten, vierteln und entkernen, das Fruchtfleisch in kleine Würfel schneiden. Rosmarin und Salbei waschen und trocken tupfen, die Rosmarinnadeln abzupfen und mit den Salbeiblättern grob zerkleinern. Zwiebel und Knoblauch schälen und in feine Würfel schneiden.

2 Das Olivenöl in einer großen Pfanne erhitzen. Die Kalbfleischwürfel darin portionsweise rundum kräftig anbraten und wieder herausnehmen.

3 Zwiebel, Knoblauch, Rosmarin, Salbei und das Lorbeerblatt im Bratfett andünsten. Die Fleischwürfel wieder dazugeben, die Tomatenwürfel, den Wein und die Oliven hinzufügen.

4 Das Ragout mit Salz und Pfeffer würzen. Zugedeckt bei schwacher Hitze etwa 40 Minuten schmoren. Das fertige Kalbsragout mit Salz und Pfeffer abschmecken und auf Tellern anrichten. Nach Belieben mit Rosmarin garnieren. Dazu passen Rösti, Spätzle oder geröstetes Knoblauchbrot.

Geschnetzeltes
nach Zürcher Art

➤ Schweizer Klassiker

ZUTATEN FÜR 4 PERSONEN

4 Kalbsschnitzel (à ca. 120 g)
2 Schalotten
200 g Champignons
2 Stiele Petersilie
2 EL Butter · 3 EL Öl
1 EL Mehl · 200 g Sahne
Salz · Pfeffer aus der Mühle

ZUBEREITUNG

1 Die Kalbsschnitzel in feine Streifen schneiden. Die Schalotten schälen und in feine Würfel schneiden. Die Champignons putzen, trocken abreiben und in Scheiben schneiden. Die Petersilie waschen, trocken tupfen, die Blätter abzupfen und hacken.

2 Butter und 2 EL Öl in einer Pfanne erhitzen und das Fleisch darin portionsweise rundum anbraten. Wieder herausnehmen und die Champignons im Bratfett anbraten. Die Pilze ebenfalls herausnehmen, das restliche Öl in die Pfanne geben und die Schalotten darin andünsten.

3 Das Mehl darüberstäuben und kurz anschwitzen. Die Sahne angießen, aufkochen und 6 bis 8 Minuten köcheln lassen. Die Sauce mit Salz würzen. Das Fleisch und die Pilze unterrühren und erwärmen. Das Geschnetzelte mit Salz und Pfeffer würzen. Die Hälfte der Petersilie unterrühren und das Zürcher Geschnetzelte mit der restlichen Petersilie garnieren. Dazu passen Spätzle, Bandnudeln oder Reis.

TIPP

Zürcher Geschnetzeltes wird oft auch mit Kalbsnieren serviert. Dafür 100 g Niere klein schneiden, ebenfalls kurz anbraten und in der Sauce oder separat dazu servieren.

Rahmgulasch
mit Apfelwürfeln

➤ fruchtig und sahnig

ZUTATEN FÜR 4 PERSONEN

1 kg Kalbfleisch (aus der Schulter)
1 kg Zwiebeln
1 säuerlicher Apfel (z. B. Boskop)
2 EL Öl · 1 EL Tomatenmark
½ l Hühnerbrühe
2 Knoblauchzehen
1 TL getrockneter Majoran
1 TL gemahlener Kümmel
1 TL abgeriebene unbehandelte Zitronenschale
1–2 TL Paprikapulver (edelsüß)
80 g Sahne · Salz
Cayennepfeffer

ZUBEREITUNG

1 Das Kalbfleisch in 3 cm große Würfel schneiden. Die Zwiebeln schälen, halbieren und in Streifen schneiden. Den Apfel schälen und vierteln, das Kerngehäuse entfernen und 1 Apfelviertel in kleine Würfel schneiden.

2 Das Öl in einem großen Schmortopf erhitzen. Die Kalbfleischwürfel darin bei mittlerer Hitze rundum anbraten und wieder herausnehmen. Die Zwiebeln im Bratfett andünsten, die Apfelwürfel hinzufügen. Das Tomatenmark unterrühren und kurz mitdünsten. Das Fleisch wieder in den Topf geben und die Brühe angießen. Den Deckel so auflegen, dass ein Spalt offen bleibt. Das Gulasch 2½ bis 3 Stunden mehr ziehen als köcheln lassen.

3 Den Knoblauch schälen und in feine Würfel schneiden. Mit Majoran, Kümmel und der Zitronenschale mischen. Das Paprikapulver mit wenig kaltem Wasser glatt rühren. Die restlichen Apfelviertel in etwa 1 cm große Würfel schneiden.

4 Die Fleischwürfel mit dem Schaumlöffel aus dem Topf nehmen. Die Gewürzmischung mit dem angerührten Paprikapulver und der Sahne in die Sauce mixen und mit Salz und Cayennepfeffer würzen. Das Fleisch und die Apfelwürfel wieder in den Topf geben und das Kalbsrahmgulasch knapp unter dem Siedepunkt 10 Minuten ziehen lassen. Servieren Sie dazu Spätzle, Bandnudeln oder Bratkartoffeln.

Kalbsgeschnetzeltes
mit cremiger Polenta

➤ so mögen es die Italiener

ZUTATEN FÜR 4 PERSONEN

Für das Kalbsgeschnetzelte:
600 g Kalbfleisch (z. B. aus der Oberschale)
Salz · Pfeffer aus der Mühle
½ TL Paprikapulver (edelsüß)
1 rote Paprikaschote
1 Zwiebel · 1 Knoblauchzehe
2 Stiele Basilikum · 3 EL Olivenöl
1 EL Tomatenmark · 300 ml Kalbsfond
200 g passierte Tomaten (aus dem Tetrapak) · 50 g Sahne
Für die Polenta:
¼ l Milch · 450 ml Gemüsebrühe
1 Lorbeerblatt · 200 g Instant-Polenta
50 g Butter · Salz · Pfeffer aus der Mühle

ZUBEREITUNG

1 Für das Kalbsgeschnetzelte das Kalbfleisch in mundgerechte Stücke schneiden. Mit Salz, Pfeffer und Paprikapulver würzen. Die Paprikaschote längs halbieren, entkernen, waschen und in schmale Streifen schneiden. Zwiebel und Knoblauch schälen und in feine Würfel schneiden. Das Basilikum waschen, trocken tupfen und die Blätter abzupfen.

2 Das Olivenöl in einer Pfanne erhitzen. Das Fleisch darin portionsweise anbraten und herausnehmen. Paprika, Zwiebel und Knoblauch in der Pfanne unter Rühren andünsten. Das Fleisch wieder hinzufügen, das Tomatenmark unterrühren und kurz mitbraten. Mit dem Fond, den passierten Tomaten und der Sahne ablöschen und 10 bis 15 Minuten köcheln lassen.

3 Für die Polenta die Milch mit der Brühe und dem Lorbeerblatt aufkochen. Die Polenta einrühren und 5 bis 10 Minuten unter Rühren kochen lassen. Die Butter unterrühren und mit Salz und Pfeffer würzen.

4 Das Kalbsgeschnetzelte mit Salz und Pfeffer würzen und nach Belieben mit Speisestärke leicht binden. Das Geschnetzelte mit der Polenta auf Tellern anrichten und mit Basilikum garniert servieren.

Rindergulasch
mit Serviettenknödeln

➤ perfektes Dream-Team

ZUTATEN FÜR 4 PERSONEN

Für die Serviettenknödel:

2 Brötchen (vom Vortag)
¼ l Milch · ½ Würfel Hefe (21 g)
1 Ei · Zucker · Salz
500 g Mehl

Für das Rindergulasch:

600 g Rindfleisch (aus der Schulter)
Salz · Pfeffer aus der Mühle
je 250 g Zwiebeln und Schalotten
6 EL Öl · 2 EL Paprikapulver (edelsüß)
1 TL Paprikapulver (rosenscharf)
1 TL ganzer Kümmel
2 EL Tomatenmark
300 ml trockener Rotwein
200 ml Gemüsebrühe
1 Bund Majoran

Für den Kümmelschmand:

200 g Schmand
1 TL gemahlener Kümmel
Salz

ZUBEREITUNG

1 Für die Serviettenknödel die Brötchen in Würfel schneiden. Die Milch erwärmen und die Brötchen darin einweichen. Die Hefe, das Ei, 1 Prise Zucker und 1 TL Salz unter die lauwarme Masse rühren. Das Mehl in eine Schüssel sieben und mit dem Brot-Hefe-Gemisch zu einem Teig verarbeiten. Den Knödelteig mit einem Küchentuch bedeckt an einem warmen Ort 40 Minuten gehen lassen.

2 Den Teig halbieren und zu Brotlaiben formen. Nochmals 20 Minuten gehen lassen. Den Backofen auf 120 °C vorheizen.

3 Für das Rindergulasch das Fleisch in 2 bis 3 cm große Würfel schneiden und mit Salz und Pfeffer einreiben. Die Zwiebeln schälen und in feine Würfel schneiden. Die Schalotten schälen und ganz lassen. Das Fleisch in zwei Portionen in jeweils 2 EL Öl rundum anbraten. Zwiebeln und Schalotten im restlichen Öl hellbraun anbraten. Fleisch, beide Paprikapulver, Kümmel und Tomatenmark dazugeben. Mit dem Wein und der Brühe aufgießen.

4 Den Majoran waschen und trocken schütteln. Zu einem Sträußchen binden und dazugeben. Das Gulasch zugedeckt im Ofen 1½ Stunden schmoren.

5 Zwei Stoffservietten mit Wasser befeuchten. Die Knödelteiglaibe auf die Servietten geben und locker darin einschlagen. Die Enden mit Küchengarn zusammenbinden. Reichlich Salzwasser aufkochen und die Serviettenknödel hineingeben. Etwa 25 Minuten köcheln lassen, dabei gelegentlich wenden. Herausnehmen, abtropfen lassen und die Knödel aus der Serviette rollen. Mit Küchengarn oder einem scharfen Messer in Scheiben schneiden.

6 Für den Kümmelschmand den Schmand mit Kümmel und Salz würzen. Das Gulasch mit den Knödelscheiben auf Tellern anrichten. Mit jeweils 1 Klecks Kümmelschmand garniert servieren.

TIPP

Eine frische, leicht fruchtige Note bekommt das Schmorgericht, wenn man etwas Crème fraîche und etwa ½ TL fein abgeriebene unbehandelte Orangenschale unterrührt.

Bœuf bourguignon
mit Bandnudeln

➤ Spezialität aus dem Burgund

ZUTATEN FÜR 4 PERSONEN

80 g Frühstücksspeck (in Scheiben)
2 EL Olivenöl · 800 g Rindfleisch
3 EL Tomatenmark
½ l trockener Rotwein
¼ l Rinderbrühe
Salz · Pfeffer aus der Mühle
2 Knoblauchzehen
1 TL getrockneter Thymian
1 Lorbeerblatt
400 g Schalotten
1 geh. EL Mehl
1–2 EL weiche Butter
400 g Champignons
500 g Bandnudeln (z. B. Linguine, Tagliatelle, Pappardelle)

ZUBEREITUNG

1 Den Speck quer in feine Streifen schneiden. Das Olivenöl in einem Bräter erhitzen und die Speckstreifen darin knusprig braten. Den Speck herausnehmen und auf Küchenpapier abtropfen lassen. Den Backofen auf 180 °C vorheizen.

2 Das Rindfleisch in Würfel schneiden und portionsweise im Bräter im Speckfett rundum anbraten. Das Tomatenmark, den Wein und die Brühe dazugeben und mit Salz und Pfeffer würzen.

3 Den Knoblauch schälen und halbieren. Mit dem Thymian und dem Lorbeerblatt in den Bräter geben und alles zugedeckt im Ofen auf der mittleren Schiene 1 Stunde schmoren.

4 Die Schalotten schälen und je nach Größe ganz lassen oder längs halbieren. Das Mehl in einer kleinen Schüssel mit der Butter verkneten. Die Schalotten und die Mehlbutter unter das Fleisch rühren, offen 1 Stunde weiterschmoren lassen.

5 Die Champignons putzen, trocken abreiben und je nach Größe ganz lassen oder halbieren. Die Pilze zum Fleisch in den Bräter geben und zugedeckt 30 Minuten mitgaren. Den Speck kurz vor Ende der Garzeit dazugeben und in der Sauce erwärmen.

6 Die Bandnudeln nach Packungsanweisung in reichlich kochendem Salzwasser bissfest garen. In ein Sieb abgießen und abtropfen lassen. Das Bœuf bourguignon mit dem Speck und den Nudeln auf Tellern anrichten und servieren.

Tagliatelle
mit Gulaschsauce

➤ sommerlich-fruchtig geschmort

ZUTATEN FÜR 4 PERSONEN

4 Zwiebeln · 5 Zweige Thymian
1 unbehandelte Zitrone
120 ml Olivenöl
300 g Hackfleisch (aus Gulaschfleisch)
Salz · Pfeffer aus der Mühle
2 EL Tomatenmark

2–3 EL trockener Rotwein
gemahlener Kümmel
Cayennepfeffer
ca. 600 ml Gemüsebrühe
4 Orangen · 1 Knoblauchzehe
500 g Tagliatelle

ZUBEREITUNG

1 Die Zwiebeln schälen und in feine Würfel schneiden. Den Thymian waschen und trocken tupfen. Die Zitrone heiß waschen, trocken reiben, etwa 1 TL Schale abreiben und den Saft auspressen.

2 In einer Pfanne 4 EL Olivenöl erhitzen und die Zwiebelwürfel darin andünsten. Das Hackfleisch dazugeben, mit Salz und Pfeffer würzen und krümelig braten. Das Tomatenmark hinzufügen und kurz mitbraten. Mit dem Wein ablöschen, die Thymianzweige und die Zitronenschale dazugeben, mit Kümmel und Cayennepfeffer würzen. Die Brühe dazugießen und zugedeckt bei mittlerer Hitze etwa 15 Minuten zu einer sämigen Sauce einkochen lassen. Falls nötig, noch etwas Brühe nachgießen.

3 Den Backofen auf 120 °C vorheizen. Die Orangen so großzügig schälen, dass auch die weiße Haut mit entfernt wird. Die Fruchtfilets aus den Trennhäuten schneiden und in eine ofenfeste Form geben. Den Knoblauch schälen und mit dem restlichen Olivenöl und etwas Zitronensaft mit dem Stabmixer pürieren. 2 bis 3 EL Knoblauchöl über die Orangenfilets geben und mit Pfeffer würzen. Im Ofen auf der mittleren Schiene 10 Minuten garen.

4 Die Tagliatelle nach Packungsanweisung in reichlich kochendem Salzwasser bissfest garen. Die Gulaschsauce mit Salz und Cayennepfeffer abschmecken und den Thymian entfernen. Die Tagliatelle in ein Sieb abgießen, abtropfen lassen und mit der Gulaschsauce auf Teller verteilen. Die Knoblauch-Orangen darauf anrichten und nach Belieben mit Parmesan bestreut servieren.

Makkaroni
mit Steinpilz-Bolognese

➤ Klassiker in neuem Gewand

ZUTATEN FÜR 4 PERSONEN

10 g getrocknete Steinpilze
1 Zwiebel · 1 Knoblauchzehe
2 Stangen Staudensellerie · 1 Möhre
100 g durchwachsener Räucherspeck
3 EL Butter · 250 g Rinderhackfleisch
2 EL Tomatenmark
Salz · Pfeffer aus der Mühle
200 g geschälte Tomaten (aus der Dose)
⅛ l Rinderbrühe · ⅛ l trockener Rotwein
je 1 TL getrockneter Thymian und Oregano
125 g Sahne · 500 g Makkaroni

ZUBEREITUNG

1 Die Steinpilze mit kochendem Wasser übergießen und einige Minuten einweichen. Zwiebel und Knoblauch schälen. Den Sellerie und die Möhre putzen, die Möhre schälen und beides waschen. Das Gemüse und den Speck in kleine Würfel schneiden.

2 Butter in einem Topf erhitzen. Die Gemüse- und Speckwürfel darin andünsten. Das Hackfleisch dazugeben und krümelig braten.

3 Die Pilze abtropfen lassen, klein schneiden und mit dem Tomatenmark unter das Hackfleisch rühren. Mit Salz und Pfeffer würzen. Tomaten, Brühe, Wein, Thymian und Oregano hinzufügen, einmal aufkochen und zugedeckt bei schwacher Hitze köcheln lassen. Nach 1 Stunde die Sahne unterrühren, offen noch 30 Minuten köcheln lassen.

4 Die Makkaroni nach Packungsanweisung in reichlich kochendem Salzwasser bissfest garen. In ein Sieb abgießen, abtropfen lassen und mit der Steinpilz-Bolognese servieren. Nach Belieben mit Parmesan bestreut servieren.

Steakstreifen
mit Limetten und Minze

➤ Geschnetzeltes im Asia-Style

ZUTATEN FÜR 4 PERSONEN

20 g Ingwer · 1 Knoblauchzehe
1–2 kleine grüne Chilischoten
4 Rindersteaks (à ca. 120 g)
½ TL gemahlener Kreuzkümmel
½ TL Currypulver · 2 EL Olivenöl
Salz · Pfeffer aus der Mühle
2 unbehandelte Limetten
2 Stiele Minze

ZUBEREITUNG

1 Am Vortag den Ingwer und den Knoblauch schälen. Die Chilischoten längs halbieren, entkernen und waschen, alles in feine Würfel schneiden. Die Steaks quer in schmale Streifen schneiden.

2 Ingwer, Knoblauch, Chili, Kreuzkümmel, Curry und 1 EL Olivenöl mischen. Die Fleischstreifen damit einreiben und mit Salz und Pfeffer würzen. Zugedeckt über Nacht im Kühlschrank marinieren.

3 Am nächsten Tag den Backofen auf 80 °C vorheizen. Die Fleischstreifen portionsweise bei starker Hitze im restlichen Olivenöl rundum kräftig anbraten. Das Fleisch zugedeckt im Ofen warm halten.

4 Die Limetten heiß waschen, trocken reiben und vierteln. Die Minze waschen, trocken tupfen und die Blätter abzupfen. 5 Blätter fein hacken und mit dem Fleisch mischen. Das Fleisch mit den Limetten und den restlichen Minzeblättern garniert servieren. Dazu passen asiatische Nudeln oder Basmatireis.

TIPP

Lust auf noch mehr Exotik? Dann servieren Sie statt Minze einige Blätter Thai-Basilikum oder Koriander mit den Steakstreifen.

Rindfleischcurry
mit Thai-Basilikum

➤ Feines aus dem Land das Lächelns

ZUTATEN FÜR 4 PERSONEN

500 g Rinderfilet
1 grüne Chilischote
100 g Bambussprossen (aus der Dose)
1 Bund Thai-Basilikum
400 ml Kokosmilch
2 TL gelbe Currypaste
2 TL gemahlene Kurkuma
4 EL Palmzucker · 4 EL Fischsauce
Salz · Pfeffer aus der Mühle

ZUBEREITUNG

1 Das Rinderfilet in sehr dünne Scheiben schneiden. Die Chilischote längs halbieren, entkernen, waschen und in feine Würfel schneiden.

2 Die Bambussprossen in ein Sieb geben, kalt abbrausen, abtropfen lassen und längs in feine Stifte schneiden. Das Basilikum waschen und trocken schütteln, die Blätter abzupfen.

3 Die Kokosmilch in einer Pfanne erhitzen, Currypaste und Kurkuma unterrühren. Das Fleisch, die Chilischote, die Bambussprossen, zwei Drittel der Basilikumblätter und den Palmzucker hinzufügen. Alles bei mittlerer Hitze etwa 10 Minuten köcheln lassen, bis das Fleisch gar ist.

4 Das Rindfleischcurry mit Fischsauce, Salz und Pfeffer würzen und mit den restlichen Basilikumblättern bestreuen. Mit Basmatireis servieren.

TIPP

Palmzucker wird im Asienladen meist zu Blöcken gepresst, aber auch als Paste oder kristallisiert im Glas angeboten. Ersatzweise kann man braunen Zucker oder Ahornsirup verwenden.

Lammcurry
mit Sultaninen

➤ süß und pikant

ZUTATEN FÜR 4–6 PERSONEN

½ Bund Koriander
250 g Sahnejoghurt
2 TL gemahlener Kreuzkümmel
1 TL gemahlener Koriander
Salz · Pfeffer aus der Mühle
Cayennepfeffer
800 g Lammfleisch
(aus der Lende oder Keule)
6 grüne Kardamomkapseln
5 EL Öl · 1 Zimtstange
1 Lorbeerblatt · 1 Zwiebel
4 EL Sultaninen · 2 EL saure Sahne
1 Prise gemahlener Kardamom

ZUBEREITUNG

1 Den Koriander waschen, trocken schütteln und die Blätter abzupfen. Einige Blätter beiseitelegen, den Rest fein hacken. Den Joghurt mit Kreuzkümmel, Koriander, 1 TL Salz, Pfeffer, 1 Prise Cayennepfeffer und dem Koriandergrün verrühren.

2 Das Lammfleisch in mundgerechte Stücke schneiden. Die Kardamomkapseln im Mörser andrücken. Das Öl in einer großen Pfanne erhitzen, Kardamom, die Zimtstange und das Lorbeerblatt darin anrösten. Die Fleischstücke portionsweise hinzufügen und bei mittlerer Hitze rundum anbraten. Das Fleisch samt Gewürzen aus der Pfanne nehmen und beiseitestellen.

3 Die Zwiebel schälen, in feine Würfel schneiden und im Bratfett andünsten. Das Fleisch mit den Gewürzen wieder in die Pfanne geben. Den Würzjoghurt und die Sultaninen dazugeben und alles zugedeckt bei schwacher Hitze etwa 1 Stunde schmoren, bis das Fleisch zart ist.

4 Die Sauce mit Salz abschmecken und offen bei starker Hitze sämig einkochen lassen. Zuletzt die saure Sahne unterrühren. Das Lammcurry mit 1 Prise Kardamom würzen und mit dem beiseitegelegten Koriander garniert servieren.

Spaghetti
mit Zitronen-Lamm-Ragout

➤ einfach buonissimo

ZUTATEN FÜR 4 PERSONEN

400 g Lammfleisch
(aus der Keule)
100 g durchwachsener Räucherspeck
1 große Zwiebel
1 Knoblauchzehe
1 Bund gelber Löwenzahn
2 Zitronen (davon 1 unbehandelt)
2 EL Olivenöl
⅛ l trockener Weißwein
¼ l Gemüsebrühe
Salz · Pfeffer aus der Mühle
frisch geriebene Muskatnuss
150 g Crème fraîche
500 g Spaghetti

ZUBEREITUNG

1 Das Lammfleisch und den Speck in kleine Würfel schneiden. Die Zwiebel und den Knoblauch schälen und in feine Würfel schneiden. Den Löwenzahn verlesen, waschen und trocken schütteln. Die unbehandelte Zitrone heiß waschen, trocken reiben, etwa 1 TL Schale fein abreiben und beide Zitronen auspressen.

2 Das Olivenöl in einer Pfanne erhitzen, die Fleisch- und Speckwürfel darin etwa 5 Minuten rundum anbraten. Den Bratensaft abgießen und beiseitestellen. Die Zwiebel- und Knoblauchwürfel in die Pfanne geben und kurz mitdünsten.

3 Den Bratensaft, den Wein und die Brühe zum Fleisch geben, mit Salz, Pfeffer, Muskatnuss und Zitronenschale würzen. Das Lammragout etwa 10 Minuten weiterköcheln lassen.

4 Die Crème fraîche und 6 EL Zitronensaft unter das Lammragout rühren und bei schwacher Hitze weitere 10 Minuten köcheln lassen. Inzwischen die Spaghetti nach Packungsanweisung in reichlich kochendem Salzwasser bissfest garen.

5 Die Spaghetti in ein Sieb abgießen und abtropfen lassen. Das Lammragout mit Salz, Pfeffer und Zitronensaft abschmecken. Die Spaghetti mit dem Lammragout mischen und mit dem Löwenzahn auf Tellern oder einer großen Platte anrichten.

Kaninchen-ragout

mit Schalotten und Zimt

➤ mit orientalischer Würze

ZUTATEN FÜR 4 PERSONEN

1 Kaninchen
(ca. 1,2 kg; küchenfertig)
2 Zwiebeln
4 Knoblauchzehen
2 Zweige Thymian
2 Lorbeerblätter
1 Zimtstange
2 Fleischtomaten
5 EL Olivenöl
1 Msp. gemahlener Kreuzkümmel
⅛ l trockener Rotwein
ca. ½ l Rinderbrühe
600 g Schalotten
2 EL Rotweinessig
Salz · Pfeffer aus der Mühle
Speisestärke zum Binden

ZUBEREITUNG

1 Das Kaninchen grob zerteilen. Die Zwiebeln und den Knoblauch schälen. Die Zwiebeln in feine Würfel schneiden, den Knoblauch halbieren. Den Thymian waschen und trocken tupfen. Das Fleisch mit Zwiebeln, Knoblauch, Thymian, Lorbeerblättern und der Zimtstange in einen großen Gefrierbeutel geben. Die Luft herausdrücken, gut verschließen und in eine ofenfeste Form legen. Unter gelegentlichem Wenden mindestens 3 Stunden marinieren.

2 Die Fleischtomaten überbrühen, häuten, vierteln, entkernen und das Fruchtfleisch in Würfel schneiden. Das Fleisch und den Thymian aus der Marinade nehmen. Die Marinade durch ein Sieb gießen und auffangen.

3 Das Olivenöl in einem Schmortopf erhitzen. Das Fleisch trocken tupfen und im Öl bei starker Hitze rundum scharf anbraten. Die marinierten Zwiebeln, Knoblauchzehen und Gewürze, die Tomaten und den Kreuzkümmel hinzufügen und etwa 10 Minuten schmoren. Mit dem Wein ablöschen und so viel Brühe angießen, bis alle Zutaten mit Flüssigkeit bedeckt sind. Zugedeckt bei mittlerer Hitze etwa 1 Stunde schmoren.

4 Die Schalotten schälen, zum Fleisch geben und weitere 30 bis 40 Minuten schmoren, bis die Schalotten weich sind. Die Thymianblätter abzupfen und zum Ragout geben. Mit Essig, Salz und Pfeffer kräftig abschmecken. Die Sauce mit Speisestärke leicht binden und noch einige Minuten köcheln lassen. Dazu passt Baguette.

TIPP

In Ligurien, in Nordwestitalien, wird Kaninchen ähnlich wie im Rezept beschrieben zubereitet. Dafür statt Schalotten 200 g Möhren- und Selleriewürfel mit den Zwiebeln anbraten. Den Zimt weglassen, den Rotwein durch ⅛ l Weißwein ersetzen und 2 EL Pinienkerne mit dem Ragout schmoren.

Pappardelle
mit Hasenragout

➤ toskanischer Klassiker

ZUTATEN FÜR 4 PERSONEN

400 g Hasenfleisch (ohne Knochen)
50 g durchwachsener Räucherspeck
1 Zwiebel · 1 Knoblauchzehe
1 Stange Staudensellerie
1 Fleischtomate
1 EL Butter · 2 EL Olivenöl
Salz · Pfeffer aus der Mühle
½ TL getrockneter Thymian
100 ml trockener Weißwein
⅛ l Rinderbrühe
500 g Pappardelle

ZUBEREITUNG

1 Das Hasenfleisch und den Speck in kleine Würfel schneiden. Die Zwiebel und den Knoblauch schälen und in feine Würfel schneiden. Den Sellerie putzen, waschen und in feine Scheiben schneiden. Die Tomate überbrühen, häuten, vierteln, entkernen und in Würfel schneiden.

2 Butter und Öl in einer Pfanne erhitzen und den Speck darin kross braten. Das Hasenfleisch dazugeben und scharf anbraten. Die Hitze reduzieren und das vorbereitete Gemüse untermischen, mit Salz, Pfeffer und Thymian würzen.

3 Den Wein und die Brühe dazugießen und das Ragout zugedeckt bei schwacher Hitze etwa 2 Stunden schmoren.

4 Die Pappardelle nach Packungsanweisung in reichlich kochendem Salzwasser bissfest garen, in ein Sieb abgießen und abtropfen lassen. Das Ragout mit Salz und Pfeffer abschmecken und mit den Nudeln auf Tellern anrichten. Nach Belieben mit frischem Thymian garnieren.

Wildgulasch
mit Portwein

➤ für Gäste und Feste

ZUTATEN FÜR 4–6 PERSONEN

Für das Gulasch:
1 kg Wildschweinfleisch (aus der Schulter)
Salz · Pfeffer aus der Mühle
600 g Zwiebeln
100 g durchwachsener Räucherspeck
2 EL Öl · 1 EL Tomatenmark
¼ l trockener Rotwein · 150 ml roter Portwein
½ l Wildfond · 6 Wacholderbeeren
2 Gewürznelken · 5 Pimentkörner
1 Lorbeerblatt · 1 Zimtstange
15 schwarze Pfefferkörner
1 TL geriebener Ingwer
1 TL abgeriebene unbehandelte Orangenschale
80 g Butter · 3 EL Paniermehl
1 TL getrockneter Thymian

ZUBEREITUNG

1 Für das Gulasch den Backofen auf 140 °C vorheizen. Das Fleisch in 3 cm große Würfel schneiden und mit Salz und Pfeffer würzen. Die Zwiebeln schälen und mit dem Speck in Würfel schneiden.

2 Das Öl in einem Bräter erhitzen, das Fleisch darin in zwei Portionen rundum scharf anbraten und wieder herausnehmen. Die Zwiebel- und Speckwürfel im Bratfett anbraten. Das Tomatenmark kurz mitrösten, mit Rotwein und Portwein ablöschen. Auf die Hälfte einkochen lassen. Das Fleisch und den Fond dazugeben, im Ofen auf der mittleren Schiene 2 Stunden schmoren lassen.

3 Wacholderbeeren, Nelken, Piment, Lorbeerblatt, Zimt und Pfefferkörner 20 Minuten vor Ende der Garzeit in ein Gewürzsäckchen füllen und zum Gulasch geben. Gegen Ende der Garzeit das Ge-

würzsäckchen wieder entfernen und etwas ausdrücken. Ingwer und Orangenschale unter das Gulasch mischen, mit Salz und Pfeffer abschmecken.

4 Die Butter in einer Pfanne aufschäumen lassen. Das Paniermehl darin bräunen und den Thymian untermischen. Das Gulasch auf Teller verteilen und mit den Thymianbröseln bestreuen.

TIPP

Wenn Sie kein Gewürzsäckchen besitzen, können Sie auch Einweg-Teebeutel nehmen und mit Küchengarn verschließen. Für kleinere Mengen eignet sich auch ein Tee-Ei. So können die Gewürze leicht wieder entfernt werden.

Puten-geschnetzeltes
in Paprikacreme

➤ köstliches Familienessen

ZUTATEN FÜR 4 PERSONEN

2 Zwiebeln
2 Knoblauchzehen
600 g Putenbrustfilet
Salz · Pfeffer aus der Mühle
3 EL Butterschmalz
1–2 EL Paprikapulver (edelsüß)
1 TL Mehl · ⅛ l Hühnerbrühe
250 g Sahne
einige Stiele Petersilie

ZUBEREITUNG

1 Die Zwiebeln und den Knoblauch schälen und in feine Würfel schneiden. Das Putenbrustfilet waschen, trocken tupfen und in feine Streifen schneiden. Mit Salz und Pfeffer würzen. Butterschmalz in einer Pfanne erhitzen, das Fleisch darin portionsweise scharf anbraten und herausnehmen.

2 Die Zwiebeln und den Knoblauch im Bratfett andünsten. Paprikapulver und Mehl darüberstäuben und kurz anschwitzen. Mit der Brühe ablöschen und einmal aufkochen. Die Sahne unterrühren und bei starker Hitze sämig einkochen lassen.

3 Die Petersilie waschen, trocken schütteln, die Blätter abzupfen und in Streifen schneiden. Die Sauce mit Salz und Pfeffer abschmecken. Die Putenstreifen in die Sauce geben und kurz erwärmen. Das Putengeschnetzelte mit der Petersilie garniert servieren. Dazu passen Nudeln oder Reis.

Puten-geschnetzeltes
mit Pilzen

➤ Klassiker mit französischen Aromen

ZUTATEN FÜR 4 PERSONEN

600 g Putenbrustfilet
Salz · weißer Pfeffer aus der Mühle
250 g gemischte Pilze (Austernpilze, Champignons, Shiitakepilze)
4 Schalotten · 3 EL Öl
2 EL Butter
1 EL gehackter Estragon
2 cl trockener Wermut (z. B. Noilly Prat)
⅛ l Hühnerbrühe
200 g Sahne
1 EL Dijon-Senf
2 Stiele Petersilie

ZUBEREITUNG

1 Das Putenbrustfilet waschen, trocken tupfen und in Streifen schneiden. Mit Salz und Pfeffer würzen. Die Pilze putzen, trocken abreiben und vierteln oder in Scheiben schneiden. Die Schalotten schälen und in feine Würfel schneiden.

2 Das Öl in einer großen Pfanne erhitzen. Die Putenstreifen darin portionsweise bei starker Hitze kurz anbraten. Herausnehmen und beiseitestellen.

3 Die Butter in das Bratfett geben und die Schalottenwürfel darin andünsten. Pilze und Estragon hinzufügen und unter Rühren kräftig anbraten. Mit dem Wermut ablöschen, Brühe und Sahne aufgießen und bei mittlerer Hitze sämig einkochen lassen. Die Putenstreifen dazugeben, den Senf unterrühren, mit Salz und Pfeffer abschmecken.

4 Die Petersilie waschen, trocken tupfen, die Blätter abzupfen und fein hacken. Die Hälfte der Petersilie unter das Putengeschnetzelte rühren. Auf Tellern anrichten und mit der restlichen Petersilie garnieren. Dazu passen Rösti, Nudeln oder Reis.

Geflügelpfanne

mit Mango und Cashewkernen

➤ fruchtige Cross-over-Küche

ZUTATEN FÜR 4 PERSONEN

Für die Gewürzmischung:

1 TL Szechuanpfeffer
1 TL helle Sesamsamen
1 getrocknete rote Chilischote
½ TL Currypulver
1 TL Paprikapulver (edelsüß)
½ TL Ingwerpulver

Außerdem:

je 300 g Hähnchen- und Putenbrustfilet
1 reife Mango · 2 Möhren
4 Frühlingszwiebeln
100 g Cashewkerne
6 EL Öl
Salz · Pfeffer aus der Mühle
1 TL Currypulver
1 TL Aceto balsamico
2 cl trockener Sherry

ZUBEREITUNG

1 Für die Gewürzmischung Szechuanpfeffer, Sesam und die zerbröselte Chilischote in einer Pfanne ohne Fett leicht anrösten. Herausnehmen, abkühlen lassen und im Mörser fein zerstoßen. Mit Curry-, Paprika- und Ingwerpulver mischen.

2 Hähnchen- und Putenbrustfilet waschen, trocken tupfen und in Streifen schneiden. Mit 1 bis 2 TL der Gewürzmischung einreiben. Die Mango schälen, das Fruchtfleisch vom Stein und dann in kleine Würfel schneiden. Die Möhren putzen, schälen und in Scheiben schneiden. Die Frühlingszwiebeln putzen, waschen und in feine Ringe schneiden.

3 In einer Pfanne 2 EL Öl erhitzen, das Fleisch darin portionsweise rundum anbraten und herausnehmen. Nacheinander im restlichen Öl das Gemüse, die Mango und die Cashewkerne anbraten und jeweils herausnehmen.

4 Alles in der Pfanne mischen, mit Salz, Pfeffer, Curry, Essig, Sherry und der Gewürzmischung abschmecken (den Rest in einem Schraubglas aufbewahren!). Nach Belieben mit Speisestärke leicht binden und mit Basmatireis servieren.

Hühnerfrikassee

mit Spargel

➤ Evergreen aus Großmutters Küche

ZUTATEN FÜR 4 PERSONEN

500 g Hähnchenbrustfilet
3 EL Butter · 2 EL Mehl
1 l Hühnerbrühe
Salz · Pfeffer aus der Mühle · Zucker
300 g weißer Spargel · 150 g Champignons
1 Bund Frühlingszwiebeln
100 g Erbsen (tiefgekühlt)
frisch geriebene Muskatnuss

ZUBEREITUNG

1 Das Hähnchenbrustfilet waschen, trocken tupfen und in mundgerechte Stücke schneiden. Die Butter in einem Topf erhitzen und das Mehl unter Rühren darin anschwitzen. Die Brühe nach und nach dazugießen, unter Rühren jeweils aufkochen.

2 Das Hähnchenfleisch in die Sauce geben. Mit Salz, Pfeffer und Zucker würzen und zugedeckt bei schwacher Hitze 20 Minuten garen.

3 Den Spargel schälen und die holzigen Enden entfernen. Die Spargelstangen in etwa 3 cm lange Stücke schneiden, zum Fleisch in die Sauce geben und weitere 10 Minuten köcheln lassen.

4 Die Pilze putzen, mit Küchenpapier trocken abreiben und halbieren. Die Frühlingszwiebeln putzen, waschen und in feine Ringe schneiden. Die Erbsen mit dem restlichen Gemüse zum Frikassee geben, aufkochen und noch einmal etwa 5 Minuten bei schwacher Hitze köcheln lassen. Mit Salz, Pfeffer und Muskatnuss abschmecken. Das Frikassee nach Belieben mit Petersilie garniert servieren. Dazu passen Salzkartoffeln oder Reis.

TIPP

Frischer Estragon passt sehr gut zum zarten Hähnchengeschmack. Da das Kraut sehr intensiv schmeckt, sollten Sie es vorsichtig dosieren.

Kokoshähnchen
mit Mandeln und Safran

➤ **Sahniges aus Indien**

ZUTATEN FÜR 4 PERSONEN

500 g Hähnchenbrustfilet
½ TL Safranfäden
200 g Naturjoghurt
1 TL gemahlene Kurkuma
je ½ TL Chili- und Paprikapulver
Salz · 2 Knoblauchzehen
20 g Ingwer
1 rote Chilischote
3 EL Öl
200 ml Kokosmilch
4–6 Curryblätter
50 g gemahlene Mandeln
2 EL Kokosraspel
½ TL Zimtpulver

ZUBEREITUNG

1 Das Hähnchenbrustfilet waschen, trocken tupfen und in mundgerechte Stücke schneiden. Den Safran in 1 EL heißem Wasser auflösen und mit dem Joghurt verrühren. Kurkuma, Chili- und Paprikapulver unterrühren und den Joghurt mit Salz abschmecken. Das Hähnchenfleisch mit dem Würzjoghurt mischen, etwa 30 Minuten ziehen lassen.

2 Knoblauch und Ingwer schälen und in feine Würfel schneiden. Die Chilischote längs halbieren, entkernen, waschen und in feine Würfel schneiden. Öl in einem Topf erhitzen, Knoblauch und Ingwer darin anbraten. Die marinierten Hähnchenstücke hinzufügen, bei mittlerer Hitze rundum anbraten.

3 Die Kokosmilch dazugießen, die Chiliwürfel und die Curryblätter hinzufügen und alles zugedeckt bei schwacher Hitze etwa 10 Minuten köcheln lassen, bis das Fleisch gar ist.

4 Die Mandeln und die Kokosraspel hinzufügen. Das Kokoshähnchen mit Zimt abschmecken und zugedeckt etwa 5 Minuten mehr ziehen als köcheln lassen. Nach Belieben mit Pappadams servieren.

TIPP

Curryblätter werden in der asiatischen Küche häufig verwendet. Sie geben Gerichten eine curryartige Würze und sind frisch, getrocknet oder tiefgekühlt in indischen Lebensmittelläden erhältlich.

Tagliatelle
mit Entenragout

➤ Bolognese auf die feine Art

ZUTATEN FÜR 4 PERSONEN

4 Entenkeulen (à ca. 150 g)
2 Möhren · 1 Zwiebel
2 Stangen Staudensellerie
2 EL Butter · Salz
1 TL Tomatenmark
300 ml trockener Rotwein
je 2 Rosmarin- und Thymianzweige
500 g Tagliatelle · 100 g Sahne
Pfeffer aus der Mühle

ZUBEREITUNG

1 Die Entenkeulen waschen und trocken tupfen. Die Haut abziehen und mit einem scharfen Messer in Stücke schneiden. Das Fleisch von den Knochen lösen und in Würfel schneiden. Die Möhren putzen, Zwiebel und Möhren schälen. Den Sellerie putzen und waschen. Alles in feine Würfel schneiden.

2 Die Butter in einem Topf erhitzen und die Entenhaut darin knusprig braten. Herausnehmen und auf Küchenpapier abtropfen lassen. Das Fleisch im Bratfett unter Rühren anbraten und mit Salz würzen. Das Gemüse und das Tomatenmark dazugeben, kurz mitbraten und mit dem Wein ablöschen. Rosmarin und Thymian waschen, trocken tupfen und dazugeben. Das Ragout offen bei schwacher Hitze etwa 1 Stunde köcheln lassen.

3 Die Tagliatelle nach Packungsanweisung in reichlich kochendem Salzwasser bissfest garen, in ein Sieb abgießen und abtropfen lassen. Rosmarin und Thymian wieder aus dem Ragout entfernen, die Sahne unterrühren. Das Ragout kurz aufkochen lassen, mit Salz und Pfeffer würzen. Die Entenhaut untermischen. Die Tagliatelle mit dem Entenragout auf Tellern anrichten.

Hähnchencurry
nach Thai-Art

➤ perfekte Gewürzkombination

ZUTATEN FÜR 4 PERSONEN

½ Zwiebel · 3 Knoblauchzehen
1 Stängel Zitronengras
2 EL Öl · 6 Kaffir-Limettenblätter
1 TL Tomatenmark
½ l Kokosmilch
50 g brauner Zucker
Saft von 1 Limette · Salz
1 EL Currypulver · Cayennepfeffer
2 TL geriebener Ingwer
1–2 TL Speisestärke
4 Hähnchenbrustfilets (à ca. 150 g)

ZUBEREITUNG

1 Die Zwiebel und den Knoblauch schälen und in feine Würfel schneiden. Vom Zitronengras die äußeren Blätter und die obere, trockene Hälfte entfernen, das Helle in feine Ringe schneiden.

2 In einem Topf 1 EL Öl erhitzen, Zwiebel, Knoblauch, Zitronengras und Limettenblätter darin kurz anbraten. Das Tomatenmark unterrühren und kurz mitbraten. Die Kokosmilch dazugießen und alles aufkochen. Zucker und Limettensaft hinzufügen, die Sauce mit Salz, Curry und Cayennepfeffer würzen. Den Ingwer dazugeben, die Sauce einige Minuten bei schwacher Hitze ziehen lassen. Die Stärke mit wenig Wasser glatt rühren, zum Binden unter die Sauce rühren und 2 Minuten köcheln lassen.

3 Die Hähnchenbrustfilets waschen, trocken tupfen und in mundgerechte Stücke schneiden. Das restliche Öl in einer Pfanne erhitzen, das Fleisch darin bei mittlerer Hitze rundum anbraten, in das Curry geben und 10 Minuten ziehen lassen. Das Curry nach Belieben mit Thai-Basilikum garnieren und mit Basmatireis servieren.

Register

T

V/W

Z

Bildnachweis

Umschlag:
Vorderseite: StockFood/Picture Box
Rückseite: StockFood/Food-Photography Eising (Mitte); StockFood/Susie Eising (links und rechts)

StockFood/Chris Alack: 61; StockFood/Harry Bischof: 4, 77; StockFood/Michael Boyny: 51; StockFood/FoodPhotography Eising: 8–9, 29, 39, 65, 71, 83; StockFood/Susie Eising: 4, 5, 7, 11, 23, 45, 57, 89, 95, 105, 117; StockFood/Foodcollection: 35, 111; StockFood/Pepe Nilsson: 17; StockFood/Picture Box/Luna: 99